REUSSIR SOUS UNE ATMOSPHERE FAVORABLE

Eric Impion

God Savior Publishing

Publié par God Savior Publishing, Bedford, Texas 76022, USA
Avec le support technique d'Alch Management LLC, Dallas, USA

God Savior Publishing est le service Média et Publication de God
Savior Ministries International, Bedford, Texas, USA

Sauf indication contraire, les citations bibliques sont extraites de la
version Louis Segond 1910

www.EricImpion.com –
Email : contact@ericimpion.com

Première Édition : Septembre 2017

ISBN 13 : 978-2900136034
ISBN 10 : 2900136032
EAN : 9782900136034

Imprimé aux États-Unis d'Amérique

TABLE DES MATIÈRES

A mon fils Alex, à ma fille Chloé Megan et à tous mes neveux et nièces pour qui je porte les vœux d'une vie de grâce et de faveur.

PREAMBULE

Le vendredi 3 décembre 2004, cinq jours avant sa mort, j'ai eu une longue discussion avec mon père durant laquelle je lui partageais mes inquiétudes au sujet de mon avenir, inquiétudes dues au fait que rien n'avançait dans ma vie comme je le souhaitais. Mon avenir était flou et je pleurais devant lui.

Il me fit part alors de son regret de ne pas avoir suffisamment travaillé pour garantir l'avenir de ses enfants alors qu'il en avait la possibilité et les moyens. Il me partagea ses erreurs et me fit savoir de la manière dont il aurait à s'y prendre pour les réparer si jamais une occasion s'offrait.

Cependant, pressentant sa mort certaine, il m'ouvrit son cœur et me dit qu'il ne serait peut-être plus à mesure de m'aider pour assurer mon futur. Mais si Dieu restaurait sa santé – il revenait d'une forte maladie qui l'avait dépouillé de ses forces – il travaillerait pour corriger ses erreurs. Au cas où le Seigneur le rappellerait à Lui très vite, il faudrait que je me batte seul pour y arriver.

Il me dit : « Même si je ne vous ai pas laissé un grand héritage matériel, même si je ne suis plus là, sache que le nom, le caractère, la vision et l'éducation que je vous avais donnés, étaient plus importants que n'importe quelle richesse ».

Il me précisa qu'il me savait capable de réussir dans la vie, capable d'arriver sans lui à la grandeur et il ajouta : « ça ne sera pas facile parce que je ne serai sans doute pas là pour t'aider ».

Il clôtura cette entretien en ajoutant : « Mais quand tu auras réussi, penses à ta mère, tes frères sans distinction car je sais que Dieu est avec toi ».

Ces paroles pointues comme une épine dans le cœur me troublèrent. Et depuis, je savais que je devais être fort. Je m'étais alors rendu compte que nous ne réussirons pas tous de la même manière, même si nous avons tous un appel à la grandeur venant de Dieu.

Pour les uns, les choses seront sans doute plus faciles, mais pour les autres, il leur faudra transporter des montagnes. Ainsi, dans cette marche avec Dieu, j'ai alors appris les voies par lesquelles Dieu nous fait passer pour atteindre notre destinée.

La réussite dans la vie n'est pas toujours déterminée par nous mais aussi par le type de milieu dans lequel nous vivons, des hommes que nous fréquentons.

Il arrive que l'on ne choisisse pas le milieu mais que l'on découvre que l'on appartienne à un milieu dès la naissance. On arrive au monde sans le vouloir et l'on découvre que l'environnement qui nous accueille est loin d'être ce qu'on aurait souhaité rencontrer, s'il nous était donné de faire le choix.

Quoi qu'il en soit, Dieu nous appelle à porter du fruit et à faire des exploits dans la vie avec Lui. La question serait alors de savoir comment s'y prendre ? Comment arriver au même résultat que les autres dans la mesure où au départ nous n'avons pas les mêmes moyens à notre disposition ?

La loi des atmosphères tâchera alors de démontrer les lois et principes attachés à différents milieux ainsi que les traits de caractères que chaque personne devrait développer pour agir et réagir efficacement afin que les effets de ces milieux et les circonstances rencontrés ne causent pas notre échec.

Elle tentera aussi de montrer les qualités humaines et spirituelles nécessaires afin de pouvoir tirer le meilleur de n'importe quel environnement, sachant qu'avec ou sans avantages innés, Dieu nous appelle tous à faire des exploits.

Ce livre « Réussir sous une atmosphères favorable », qui est le premier d'une série de trois volumes, aborde la problématique de la réussite dans un contexte de grâce et de faveur.

CHAPITRE 1

LES FAVORISÉS

Il y a sur la terre des gens qui sont nés comme certains qualifieraient de chanceux. Ceux qui sont plus religieux parleraient de la grâce et de la faveur divine qui couvrent leurs vies. Ils naissent ou évoluent dans des conditions telles que tout était bien fait pour qu'ils ne se battent pas vraiment dans la vie.

Leur existence est faite pour qu'ils ne cherchent pas outre mesure, tellement tout autour d'eux est bon, prêt, presque facile et parfait pour leur réussite.

Ainsi, regardant la vie et le parcours de certains personnages de la Bible ou même autour de nous, certains seraient tentés de dire que Dieu les aimerait plus que les autres.

Ces personnes se retrouvent comme dans une situation où l'on a l'impression qu'il ne leur sert presque à rien de faire des études, de travailler, de se battre, sinon juste pour la forme, ou pour qu'ils ne soient pas oisifs car ils ont déjà tout. Avant même de faire quelque chose, le succès les attend à leur porte.

De telles personnes vivent l'atmosphère dite favorable qui leur permet de réussir plus facilement : l'invisible ainsi que le visible travailleraient comme à leurs bons soins. En dépit de leurs défauts, failles et erreurs, la faveur ne les quitte pas et les choses semblent même se résoudre d'elles-mêmes.

Illustrons cette réalité par des exemples d'hommes et de femmes qui dans la Bible ont expérimenté cette vie de faveur :

Isaac, fils de la promesse
Isaac est né de l'union d'Abraham le père de la foi et de Saraï devenue Sarah, signifiant princesse. Il eut un frère aîné du nom d'Ismaël, premier-né de son père qui humainement était celui qui avait la préséance sur l'héritage de leur père du fait de son droit d'aînesse physique.

Quand Isaac arrive, Abraham sur la demande de sa femme Sarah et avec l'accord de Dieu, chassa Ismaël et sa mère Agar afin qu'Isaac soit le seul à régner dans la maison de son père. Une situation difficile à comprendre parce qu'Ismaël avait en lui le sang d'Abraham qui coulait.

« Abraham donna tous ses biens à Isaac. Il fit des dons aux fils de ses concubines ; et, tandis qu'il vivait encore, il les envoya loin de son fils Isaac du côté de l'orient, dans le pays d'Orient. » Genèse 25 : 5-6

Avant sa mort, Abraham fit encore une chose qui surprendrait plus d'un. Il donna à ses autres fils des présents c'est-à-dire rien de considérable à comparer à sa fortune et leur ordonna de partir très loin de sa demeure afin qu'Isaac qui héritait de tout puisse vivre en paix après lui sans dispute ni querelles.

Abraham s'arrange à créer autour d'Isaac un environnement sain et propice à une réussite facile et à un avenir garanti. Il se donna comme dernière tâche à trouver une épouse pour ce fils qu'il aimait tant. Il envoya Eliézer de Damas son serviteur en mission urgente, et Rebecca fut ramenée de son pays.

Par la suite Isaac rencontra l'Eternel et fit alliance avec lui à son tour. Sa femme qui était stérile au début de leur mariage, donna naissance à des jumeaux (Esaü et Jacob) vingt ans après leur mariage sans passer par des solutions de raccourci.

Cette grâce lui permit d'expérimenter la réussite même là où personne ne réussissait. Des terres arides et sèches, Isaac était capable de produire des résultats extraordinaires.

La vie d'Isaac paraît quasi-parfaite et son parcours sans faille. Il y a de quoi se poser la question de savoir qui était-il réellement et quel était son secret ?

Salomon, successeur de David

Il était le fils de David et Bathsheba, cette femme que David prit à son soldat Urie, après l'avoir fait tuer. Salomon est né d'une relation adultère trempée de meurtre mais finit sa vie avec surprise comme un homme n'ayant pas une origine aussi mauvaise.

La réussite fut son amie. Cette réussite fut caractérisée par une richesse sans précédent et une forte sagesse comme très peu d'hommes dans toute l'histoire de l'humanité l'aient été.

Cette atmosphère favorable fut palpable durant toute sa vie. Il bénéficia d'un royaume prospère et de paix légué par son père qui s'empressa de le désigner comme son successeur pour qu'après sa mort personne d'autre ne prenne sa place comme roi d'Israël (1 Rois 1 : 15-40).

Durant tout son règne, il reçut honneur et exaltation de son peuple mais aussi des autres royaumes qui reconnaissaient le dépôt que Dieu avait placé en lui. Son amour pour les femmes qu'il collectionna comme des objets et son égarement spirituel ne changèrent presque rien dans l'immédiat alors qu'il était apostat.

« …Car ainsi parle l'Éternel, le Dieu d'Israël : Voici, je vais arracher le royaume de la main de Salomon, et je te donnerai dix tribus. Mais il aura une tribu, à cause de mon serviteur David, et à cause de Jérusalem, la ville que j'ai choisie sur toutes les tribus d'Israël. » 1 Rois 11 : 31-32

L'Eternel se garda de le frapper à cause de l'alliance qu'il avait contractée avec son père David. Malgré ses fautes il ne fut pas puni. L'Eternel le garda pour qu'il ne voie pas la désolation de ses propres yeux. C'est seulement sous Roboam des années après que le schisme a eu lieu.

Même mort, Salomon reste vivant notamment par ses écrits de sagesse légués à l'humanité, le considérant comme un homme avec une sagesse sans commune mesure ne pouvant venir que de l'Eternel Dieu, le Dieu de toute sagesse.

Le Fils prodigue
Sans donner les motivations qui le poussèrent à partir, les écritures montrent seulement qu'un des fils d'un homme vint pour lui demander sa part d'héritage. De quelle part parlait-il, car il n'avait pas travaillé pour cela. Son père s'était

certainement battu pour les avoir mais il prit une partie et s'en alla.

La Bible rapporte qu'il dilapida toute la fortune qui lui avait été remise dans une mauvaise vie. En dépit de ses bêtises, lorsqu'il décida de rentrer auprès de son père, il fut réinstallé dans sa position initiale comme si rien ne s'était passé. Sa faute et son erreur furent effacés sans réprimande ni aucune punition.

« Mais le père dit à ses serviteurs : Apportez vite la plus belle robe, et l'en revêtez ; mettez-lui un anneau au doigt, et des souliers aux pieds. Amenez le veau gras, et tuez-le. Mangeons et réjouissons-nous... » Luc 15 : 22-23

La faveur dans la vie de cet homme le restaura dans sa position, malgré ses erreurs. Il fut placé au même rang que son frère qui était resté fidèle et intègre dans la maison du père. Quelle grâce !

Simon Pierre

Cet homme est un personnage très particulier dans l'histoire du nouveau testament. Son zèle et son courage le furent distingués des autres disciples du Seigneur Jésus-Christ dont il faisait lui-même partie.

La Bible le décrit comme un homme du peuple ayant peu d'instruction, avec un caractère versatile capable de dire que Jésus est le Christ et la minute d'après s'opposer à lui pour qu'il n'aille pas à la croix pour le salut de l'humanité.

En dépit de ses réactions très chaudes par moment sans réflexion, il fut quand même choisi comme le leader qui devait conduire l'église vers sa destinée glorieuse. Il surpassa les hommes comme Luc le médecin et Matthieu le collecteur d'impôt qui avaient certainement plus de compétences de leadership.

« Il lui dit pour la troisième fois : Simon, fils de Jonas, m'aimes-tu ? Pierre fut attristé de ce qu'il lui avait dit pour la troisième fois : M'aimes-tu ? Et il lui répondit : Seigneur, tu sais toutes choses, tu sais que je t'aime. Jésus lui dit : Pais mes brebis. » Jean 21 : 17

Pierre était parmi les trois disciples que le Seigneur avait souvent avec lui. Il marcha sur l'eau, il vécut la transfiguration et même après qu'il ait renié le Seigneur, il fut restauré par Dieu.

Son manque d'instruction ne fut pas un obstacle à son élévation. Il fut la colonne de l'église et lors de sa première prédication après la pentecôte, trois mille âmes furent sauvées. Même s'il n'était pas dans les critères de la société de grandeur, Simon Pierre fut l'homme de main de Jésus-Christ et bénéficia des grâces sans précédent. Quel privilège !

Esther, reine de perse

C'est l'histoire d'une fille orpheline vivant sous l'autorité de son oncle Mardochée, les deux étaient déportés dans une terre étrangère comme des personnes de seconde zone.

Cette jeune fille, malgré ses origines et sa condition sociale, finit reine dans un territoire étranger après avoir gagné un concours de beauté dans lequel elle a confronté ses qualités physiques et ses valeurs humaines à celles des milliers d'autres filles dont certaines autochtones. La faveur se manifesta dans sa vie et le cœur du roi s'attacha à elle.

« Le roi aima Esther plus que toutes les autres femmes, et elle obtint grâce et faveur devant lui plus que toutes les autres jeunes filles. Il mit la couronne royale sur sa tête, et la fit reine à la place de Vasthi. » Esther 2 : 17

Même sous un décret royal qui la condamnait, elle et son peuple à la potence, elle fut capable de déjouer les plans de leurs ennemis et faire balancer le cœur de sa majesté en sa faveur en ayant l'attitude qu'il fallait pour gérer la situation avec maîtrise.

Elle et son peuple furent non seulement sauvés mais son oncle Mardochée fut honoré par son pire ennemi. Esther commença sa vie dans la modestie et la finit dans l'opulence.

Marie, mère de Jésus

La prophétie biblique avait annoncé que le Messie devrait naître à Nazareth par une jeune vierge. Mais ce choix de Dieu sur la personne de Marie fut une grâce, la preuve est dans la déclaration de Gabriel, l'ange de Dieu : *« Je te salue, toi à qui une grâce a été faite… » Luc 1 : 28*

Marie avait effectivement trouvé grâce parce que non seulement elle n'était pas issue d'une famille de grande renommée mais elle n'était pas non plus, je pense, la seule vierge résidant dans ce territoire.

Elle fut troublée par tout ce qu'elle voyait. Sa vie présente et son futur annoncé par le messager de Dieu n'avaient aucun rapport. Seule la grâce pouvait justifier tout cela.

Par cette même grâce de Dieu, elle fut rendue capable de croire directement, sans hésitation aucune à cet appel bizarre et humainement impossible. Son histoire montra comment elle marcha sous la conduite du Tout-Puissant accomplissant presque sans faille sa mission.

Elle fut celle qui poussa son fils à faire son tout premier miracle aux noces de Canaan changeant l'eau en vin. Elle s'attacha à son Seigneur qui était en même temps son fils et fut capable de discerner le Dieu qui était en cet enfant dont elle avait donné naissance trente ans plus tôt.

Elle fut sauvée et expérimenta l'effusion du Saint-Esprit avec les autres disciples dans la chambre haute. Elle vécut une vie spéciale particulièrement dessinée par Dieu pour être le pont par lequel le Sauveur de l'humanité devait entrer dans le monde.

CHAPITRE 2

ATMOSPHÈRE DE GRÂCE

L'atmosphère favorable est un environnement dans lequel, de façon quasi naturelle, ce que nous désirons nous arrive, ce que nous posons comme acte et entreprenons nous réussit.

Sans pratiquement forcer et des fois même de manière assez inattendue, les petites tentatives produisent le succès et le résultat recueillit surprend. Les choses nous obéissent alors que dans certains cas nous n'étions pas bien placés pour y arriver.

C'est un environnement dans lequel les choses nous réussissent de manière assez facile et notre petit effort amène des grandes victoires. Ceux qui vivent et expérimentent ces milieux de faveur savent qu'aucune idée n'est bête au préalable. Celui qui en est l'auteur est encouragé et orienté afin que dans l'avenir il sache mieux s'y prendre.

C'est un milieu où l'on encourage les gens à tenter des choses car dit-on « S'il y a pire chose au monde de n'avoir jamais fait, c'est de n'avoir jamais essayé ». C'est pourquoi on applaudit d'abord l'effort fourni sans regarder les résultats produits.

L'auteur de la tentative reçoit l'encouragement des autres malgré l'échec recueillit parce qu'on sait que le fait d'oser est déjà une preuve de bravoure.

Celui qui a échoué après une tentative est acclamé car au moins maintenant il a une base qui lui permettra de mieux réussir demain, des bases de recherche pour des générations à venir.

C'est un environnement qui protège les idées et les inventions afin de permettre à leur auteur d'en manger le fruit ou au moins d'en recueillir les droits d'auteur. L'effort de chacun est reconnu plus ou moins à sa juste valeur. La reconnaissance et la gratitude étant la règle de base d'une telle société.

Ceux qui partagent ces milieux de faveur savent qu'on ne s'attarde pas sur les défauts des gens mais sur leurs qualités, mieux encore sur leurs potentiels afin de rendre ceux qui y vivent plus utiles et plus efficaces.

L'atmosphère favorable peut être un milieu physique, spirituel voire virtuelle mais existant. Elle peut être le fruit de l'action d'un homme, d'une famille ou d'un entourage qui nous procure le bien-être et le bon vivre.

C'est la raison pour laquelle Psaumes 1 : 1-3 met en opposition la fréquentation d'un certain entourage méchant au fait de porter du fruit en abondance et en tout temps. En d'autres termes, la nature de notre entourage détermine la qualité de vie que nous pourrons avoir.

Une atmosphère de vie et d'épanouissement peut se présenter aussi comme un territoire donné ou encore la culture d'une société dont les mentalités, les mœurs et les lois favorisent une vie agréable à ses résidents.

Le passage de Jérémie 29 : 7 démontre sans ambages qu'il est difficile de parler de prospérité individuelle si la société dans laquelle nous vivons est sous une atmosphère malsaine. Le bonheur des résidents est donc lié en grande partie à l'état de bien-être même de la ville.

C'est ainsi qu'une personne, qui avait échoué hier dans un coin, peut réussir aujourd'hui sans beaucoup d'efforts à cause notamment des effets environnementaux du nouveau milieu dans lequel il vit désormais. Ainsi, la vie et le bonheur peuvent se trouver dans le changement de milieu.

Beaucoup de mouvements migratoires dans le monde et à travers les âges sont motivés par la recherche d'un milieu plus favorable que le territoire d'origine. Les hommes cherchent un territoire où la vie serait plus abordable et la réussite plus accessible.

Néanmoins, il sied de relever le fait qu'un milieu soit favorable pour une personne ne veut pas forcément dire qu'il le sera pour une autre personne. Ce qui peut être un Eldorado pour une personne, peut être un enfer pour son voisin.

Comprendre la grâce

L'atmosphère favorable est avant tout le fruit de la grâce de Dieu dans une vie et non de la chance. La grâce est une faveur pour laquelle on n'a pas payé le prix, pour lequel on n'est pas digne.

Elle produit dans la vie de son bénéficiaire des résultats qui ne correspondent pas à l'effort fourni et au travail abattu. Elle se manifeste de sorte qu'à toutes nos résolutions répondent le succès (Job 22 : 28).

Cette grâce nous fait réussir et nous positionne comme la bonne personne au bon endroit et au bon moment. Qu'avons-nous alors que nous n'avons pas reçu de lui ? On s'exclamerait alors en accord avec Jean 3 : 27 qui dit : « *Un homme ne peut recevoir que ce qui lui a été donné du ciel* ».

Tout, absolument tout demeure le fruit de sa grâce. Dieu nous en fait bénéficier par amour afin qu'en vivant ses actes de bienveillance nous sachions Lui rendre toute la gloire.

« *Toute grâce excellente et tout don parfait descendent d'en haut, du Père des lumières, chez lequel il n'y a ni changement ni ombre de variation* » *Jacques 1 :17*

La grâce de Dieu est un concept complexe parce que Dieu seul en est l'auteur et en dispense comme Il le veut (Romains 9 : 14-16). La manifestation de celle-ci peut susciter l'étonnement et des questionnements parce qu'elle peut contredire toute forme de règle établie par les hommes ou par Dieu lui-même.

C'est cette grâce qui a fait, contre toute attente, de Rahab la prostituée l'ancêtre de Jésus. Elle a établi Saul de Tarse le persécuteur et meurtrier des chrétiens, un apôtre pour la prédication du message salvatrice de Jésus-Christ. Elle a choisi Jean, le disciple que Jésus aimait beaucoup pour lui révéler les plus grands mystères de la fin des temps.

Aucun critère n'est capable d'expliquer pourquoi telle ou telle autre personne a été choisie pour jouer tel rôle dans les plans de Dieu. Le cœur de Dieu seul en détient le secret.

La grâce sur toute chair

Dieu créa l'homme à son image et à sa ressemblance. Mais avant de le placer dans le monde le sixième jour, Il prépara le milieu dans lequel ce dernier devait vivre.

C'est ainsi qu'Il créa les cieux et la terre, le soleil et les autres astres lumineux, la mer et les animaux marins, la verdure et les animaux terrestres sans oublier les éléments physiques et naturels comme le vent et les saisons. Tout cela dans le but de permettre à ses créatures de vivre heureux et dépourvus de besoins.

Ces grâces déployées par Dieu ne cessèrent pas d'exister après la chute de l'homme dans le jardin d'Eden. L'homme fut chassé de la présence de Dieu mais l'humanité continua à bénéficier et à jouir de toutes ces choses pour son bonheur jusqu'à ce jour. Tout cela fut et demeure donc la manifestation de la grâce de Dieu à toute la terre.

Elle est ainsi une grâce commune et universelle parce qu'elle est bénéfique et sans condition à tout homme. Comme le don de la vie, elle est disponible gratuitement à tout homme sans tenir compte de leur état de péché c'est-à-dire qu'il soit chrétien ou non.

« …Car il fait lever son soleil sur les méchants et sur les bons, et il fait pleuvoir sur les justes et sur les injustes. » Matthieu 5 : 45

De cette grâce accordée à tous, la réussite après le respect de certains principes est garantie à tous. C'est la raison pour laquelle celui qui sème récolte, qui demande reçoit, qui cherche trouve et l'on ouvre à celui qui frappe (Luc 11 : 10).

C'est dans cette logique que la Bible déclare que : *« Tout travail procure l'abondance » Proverbes 14 : 23*, c'est-à-dire que tout œuvre fait avec abnégation, sérieux et détermination, a la capacité de procurer un salaire honorable peu importe qui le fait.

La loi des semailles et de la moisson est perpétuelle (Genèse 8 : 22) et s'applique à tous. C'est ainsi qu'un homme sans Christ peut réussir dans la vie mieux qu'un enfant de Dieu, même si celui-ci est un homme spirituel mais reste oisif. Cela est justement possible parce que seul le travail ennoblit.

Les formes de grâce

La grâce que Dieu déploie sur sa création n'est pas seulement liée à l'environnement mais est aussi attachée à l'homme lui-même. Elle est différemment donnée à chacun afin de manifester la diversité.

Cette grâce que l'homme peut utiliser pour sa réussite sur la terre, peut se manifester de différentes manières et se présenter sous forme de:

- **Beauté et aptitude physique**

Sans le vouloir, beaucoup de gens naissent avec des qualités physiques extraordinaires. Parlant de Sarah, la Bible dit qu'elle était belle au point qu'Abraham son mari lui demanda de ne pas dire à Pharaon roi d'Égypte qu'elle était sa femme par peur des représailles (Genèse 12 : 10-13).

« Il avait un fils du nom de Saül, jeune et beau, plus beau qu'aucun des enfants d'Israël, et les dépassant tous de la tête. » 1 Samuel 9 : 2

En plus d'être fort et vaillant, Saül le premier roi d'Israël était connu pour sa beauté physique. Il fut déclaré l'homme le plus beau de tout Israël. A son tour, David était beau avec des cheveux roux et Rachel était belle de taille et de figure (Genèse 29 : 17).

La liste de ces femmes et hommes qui avaient des qualités de beauté naturelle sans précédent reste longue. La beauté physique demeure un sujet très particulier dans notre société actuelle touchant tout le monde avec des réactions différentes.

Dans un premier temps, il existe des gens d'une beauté naturelle sans faille qu'ils utilisent chacun selon son bon vouloir. Certains en font bon usage en vivant pieusement mais d'autres trouvent en cela la raison de vivre de manière dépravée, l'utilisant pour s'attirer les faveurs des autres.

Dans un second temps, nous assistons à la course pour l'amélioration des traits physiques. Sans hésiter, femmes comme hommes recourent au maquillage et aux soins de la peau pour mieux paraître.

La chirurgie esthétique, plastique ou réparatrice selon que chacun le conçoit est utilisée pour essayer d'améliorer leur apparence et atteindre une certaine perfection dans leur physique, des atouts que certains ont reçus gratuitement de Dieu.

La force musculaire fait partie aussi des atouts physiques naturels. Certains ont été dotés des forces musculaires redoutables dès leur naissance, ce qui fut le cas de David. Il fut un homme de guerre, le tombeur de Goliath pour qui les femmes d'Israël ont chanté : *« Saül a frappé ses mille, et David ses dix mille » 1 Samuel 18 : 7*

Dans ce groupe d'hommes forts se trouve aussi Samson, fils de Manoach. Il fut juge en Israël, né avec la seule mission d'utiliser sa force pour sauver et garder Israël des attaques des ennemis.

De nos jours, nombreux sont ces emplois qui nécessitent absolument d'avoir une force musculaire naturelle au-dessus de la moyenne. Ainsi ceux qui sont physiquement aptes, se positionnent comme favoris devant des telles opportunités.

Les concours et les compétitions de tout genre, adaptés à tout âge permettent à une multitude de personnes de montrer les capacités et les aptitudes que Dieu leur a donné et de démontrer les exploits extraordinaires qu'ils sont capables d'accomplir.

- **Intelligence et sagesse**

Salomon, roi d'Israël à la succession de David, son père, fit preuve d'une remarquable sagesse pour résoudre les problèmes et diriger le peuple. Il fut capable de résoudre les énigmes les plus compliqués et tous ceux qui s'approchaient de lui pouvaient s'en rendre compte (1 Rois 3 : 16–28).

C'est la raison pour laquelle sa renommée alla au-delà de sa nation et poussa des dignitaires d'autres royaumes à venir le voir.

« La reine de Séba (Saba) apprit la renommée que possédait Salomon, à la gloire de l'Eternel, et elle vint pour l'éprouver par des énigmes. » 1 Rois 10 : 1

En plus de Salomon, la Bible relate le cas de Joseph qui prospéra à cause de l'intelligence et de la sagesse stratégique que Dieu lui avait donnés et qui lui permirent de résoudre la grande crise qui avait frappé le pays pendant sept ans à cause de la sécheresse (Genèse 41 : 39-40).

Aujourd'hui encore beaucoup de gens sont entrés dans l'histoire à cause de leur intelligence et de leur sagesse. Leur parole, leur pensée et le produit de leur recherche sont pris comme des références dans les quatre coins du globe terrestre.

Différents types de reconnaissances dont le Prix Nobel sont mis en place pour honorer l'excellence des travaux de certains d'entre eux.

- Ingéniosité et créativité

Beaucoup d'autres gens ont été dotés des atouts extraordinaires. Parmi eux se trouvaient Betsaleel et Oholiab qui étaient des hommes « *capables de faire des inventions, de travailler l'or, l'argent et l'airain, de graver les pierres à enchâsser, de travailler le bois, et d'exécuter toutes sortes d'ouvrages… » Exode 31 : 1-8*

Paul, apôtre de Jésus-Christ, était capable de fabriquer des tentes avec Aquilas et son épouse Priscille. Ils étaient habiles et ingénieux au point qu'ils en firent une entreprise qui a permis notamment à Paul de vivre sans dépendre des entrées du ministère (Actes 18 : 1-4).

L'histoire de l'humanité en générale et celui des deux derniers siècles ont montré cette réalité de plus belle. Des inventions de tout genre ont changé la manière de vivre de l'homme.

Parmi elles, il y a l'avion qui a permis à l'homme de se déplacer réduisant le temps de déplacement d'un lieu à un autre. Le téléphone a permis de son côté à deux personnes situées dans deux lieux différents de parler comme s'ils étaient en face l'un de l'autre.

L'avènement de l'ordinateur, de l'internet et des autres technologies de l'information et de la communication avec la multiplication des réseaux sociaux comme Facebook, Whatsapp, Youtube, etc. sont des preuves que Dieu continue à inspirer des hommes et des femmes démontrant qu'Il continue à être le même hier, aujourd'hui et éternellement.

- **Dons et talents**

Certains se sont faits connaître et sont devenus célèbres à cause de leurs dons et talents. Parmi eux se trouvent Achitophel qui était un grand stratège.

La Bible rapporte que : « *Les conseils donnés en ce temps-là par Achitophel avaient autant d'autorité que si l'on eût consulté Dieu lui-même. Il en était ainsi de tous les conseils d'Achitophel, soit pour David, soit pour Absalom.* » *2 Samuel 16 : 23*

Josué et Caleb se sont illustrés à leur époque par l'audace et le courage de braver le danger. Les expéditions menées pour la conquête de la terre promise furent des succès. Ils demeuraient positifs même lorsque leurs compagnons tombaient dans le désespoir à cause de la grandeur de leurs ennemis (Nombres 14 : 6-8).

Les médias aujourd'hui permettent de voir à travers le monde des hommes et des femmes dotés de talents et certains entrent même dans la catégorie des insolites. Ils sont capables de faire des choses inimaginables, impossibles à croire sans le voir et cela avec une facilité surprenante.

Du sport à la diversité de disciplines artistiques en passant par différents métiers, énormément d'hommes font la une des journaux et doivent leur réussite sociale grâce à la gestion intelligente et efficace de leurs talents.

L'exercice de ces dons et de ces talents offre à une multitude de personnes une joie et un bonheur indescriptibles à eux-mêmes et à leur entourage. Les gens paient pour voir leurs performances et certains même sont prêts à se battre pour défendre gratuitement l'honneur de ces stars qui ne les connaissent même pas. Seul l'amour pour leurs dons et leurs talents les y poussent.

CHAPITRE 3

SPECIAL EN CHRIST

En plus de la grâce commune accordée à tout humain, il existe des hommes et des femmes qui bénéficient d'une grâce d'un genre particulier et spécial, faisant d'eux des hommes spéciaux.

C'est une deuxième forme de grâce que Dieu met à disposition afin de permettre aux hommes d'entrer en contact avec ses bénéfices spéciaux. Elle n'est accordée que par la foi, et est donnée à celui qui reçoit Jésus-Christ comme Sauveur et Seigneur personnel.

« Car la loi a été donnée par Moïse, la grâce et la vérité sont venues par Jésus-Christ ». Jean 1 : 17

Cet acte simple et transformateur donne à l'homme selon Jean 1 : 12 le pouvoir de devenir enfant de Dieu, né de la volonté de Dieu par la mort de Christ à la croix de Golgotha. Devenu spécial, le chrétien est héritier de toutes les bénédictions de Dieu. Il est appelé à être la tête et

25

non la queue à cause de sa position de premier-né.

« En vain vous levez-vous matin, vous couchez vous tard, et mangez-vous le pain de douleur ; Il en donne autant à ses bien-aimés pendant leur sommeil. »
Psaume 127 : 2

Rassuré de sa protection permanente et de son secours en temps opportun, le chrétien est ainsi appelé à vivre dans la dimension du repos. Cette dimension lui permet de travailler et de récolter abondamment car la bénédiction divine lui permet de réussir partout et en tout temps.

En plus, cette grâce spéciale lui donne accès au monde spirituel de Dieu par le Saint-Esprit. Le Saint-Esprit est le sceau et un gage du salut accordé à tout chrétien au moment de sa rédemption c'est-à-dire au moment où il donne sa vie au Seigneur Jésus-Christ.

Par le Saint-Esprit, la troisième personne de Dieu, le chrétien reçoit le soutien dans sa vie de tous les jours afin de vivre pour Dieu, accomplissant sa volonté et ses desseins. De Lui, l'homme peut recevoir des dons afin de le rendre capable de participer à l'œuvre d'édification de l'église qui est le corps de Christ.

Les clés de la grâce

Nous avons décrit dans les lignes qui précèdent la grâce de Dieu comme étant un concept très complexe. Dieu seul en est le maître, Il en dispose et dispense comme Il le veut et le mystère demeure autour de cette question.

« …Je fais grâce à qui je fais grâce, et miséricorde à qui je fais miséricorde. » Exode 33 :19

Il est donc difficile, voire impossible de dire avec exactitude les critères dont Dieu se sert pour faire bénéficier sa bienveillance à telle ou telle autre personne. Notre intelligence demeure incapable de dire pourquoi Dieu fait ce qu'Il fait pour la personne qu'Il choisit.

Néanmoins, la Bible démontre sans ambages que certaines attitudes, dispositions et actions peuvent attirer, maintenir et accroître la grâce et la faveur de Dieu sur une vie plus que sur une autre. Parmi ces attitudes, il y a :

- L'humilité

« Il fait grâce aux humbles, Il résiste aux orgueilleux »
Jacques 4 : 6

L'humilité est cette disposition intérieure de rabaissement de l'homme vis-à-vis de Dieu. C'est un sentiment ou un état d'esprit de quelqu'un qui a conscience de ses insuffisances et de ses faiblesses et, est ainsi poussé et porté à se rabaisser face à ses propres mérites.

L'humilité dont il est question dans ce passage n'est pas seulement une attitude intérieure de rabaissement par rapport à soi-même et aux hommes, mais aussi et surtout une attitude d'insuffisance permanente devant Dieu, nous poussant à marcher devant Lui, sous son règne et sa dépendance.

Face à une faute, une désobéissance ou un péché, celui qui est humble retourne aux pieds du Maître Christ Jésus, croit en son œuvre salvatrice de Golgotha, accepte son pardon et reçoit par la foi la justification tandis que l'orgueilleux se charge par ses propres efforts à trouver la paix.

Une personne humble au-delà de son caractère visible, vit et dépend de Dieu en tout et pour tout. Cette attitude de dépendance à Dieu et de recours à Lui en tout temps fit que David soit appelé *« l'homme selon le cœur de Dieu » Actes 13 : 22.*

Il fut un homme pour qui la volonté de Dieu passait avant tout. Il était une personne dans la vie duquel Dieu trouvait son compte. Les desseins de Dieu n'ont pas eu du mal à s'exécuter puisque son cœur avait fléchi devant Lui.

De ce qui précède, nous pouvons déduire que l'humilité nous attire la grâce et nous maintient dans celle-ci, par contre l'orgueil la repousse loin de nous.

- La crainte de Dieu

« Les lèvres du juste obtiennent la faveur de Dieu »
Proverbes 16:13

La crainte de Dieu qui est le commencement de la sagesse attire la faveur de Dieu sur notre vie car elle rejoint le cœur de Dieu. L'impureté, le mensonge ainsi que toute forme d'immoralité nous éloignent de la présence de Dieu, donc de sa grâce.

La marche dans la crainte de Dieu nous rend agréable aux yeux du Seigneur. Elle nous rend favorable à recevoir de Dieu les désirs de notre cœur qui sont conformes à sa volonté. Celui qui craint Dieu, réjouit son cœur et devient son ami. Or, les amis de Dieu ne peuvent manquer de rien. Dieu se place en leur pourvoyeur.

Sans la crainte de Dieu, sans intégrité dans notre manière de nous comporter, notre relation avec Lui est gâchée et sa grâce sur nous se réduit. La vie de péché nous ferme la bouche devant Dieu et nous éloigne de la présence de sa grâce.

C'est la raison pour laquelle Adam et Eve ne furent plus capables de paraître devant l'Eternel après qu'ils aient péché. La désobéissance à la loi de Dieu les éloigna du jardin des délices que Dieu avait créé pour eux.

La manifestation de la grâce et de la puissance de Dieu dans notre vie est en elle-même l'appel à la vie de pureté et de consécration. C'est ainsi que l'Eternel parlant à Abraham dit : « *...Je suis le Dieu Tout-puissant. Marche devant ma face et sois intègre.* » *Genèse 17 : 1*

Le seul remède face au péché et à la chute c'est la repentance sincère et le détournement des voies de l'égarement. Face à un cœur qui se tourne vers Dieu humblement pour rechercher son pardon, le Seigneur est toujours prêt à tendre sa main pour relever le pécheur et le restaurer (2 Chroniques 7:14).

- **La gratitude**

Israël est sorti de l'esclavage du pays d'Egypte après plus de trois cents ans de captivité. Il passe par le désert où pendant quarante ans, il s'est battu pour la conquête des terres que Dieu lui avait promises.

Avant d'entrer dans la terre promise, tout le peuple à travers Moïse reçoit cette instruction claire de la part de Dieu :

« ...Lorsque tu mangeras et te rassasieras, garde-toi d'oublier l'Éternel, qui t'a fait sortir du pays d'Égypte, de la maison de servitude. Tu craindras l'Éternel, ton Dieu, tu le serviras, et tu jureras par son nom. » *Deutéronome 6 : 11-13*

Israël a été instruit à être reconnaissant à l'égard de ce que l'Eternel avait accompli en sa faveur. Cette gratitude devrait notamment conduire le peuple à demeurer dans la crainte de Dieu et la dépendance à Lui seul afin qu'Il maintienne sur Israël des temps de rafraîchissement.

La gratitude ou la reconnaissance envers Dieu et les hommes maintient et renouvelle la grâce sur nos vies. Elle est avant tout verbale à travers des paroles de remerciement faites au bienfaiteur (Psaume 40 : 5). Elle est aussi un témoignage des œuvres de Dieu aux autres afin de pousser les auditeurs à se confier en Lui (Psaume 44 : 1).

Elle est ensuite une attitude de fidélité et de loyauté sans réserve qu'on affiche envers Lui. Elle peut se présenter enfin comme une offrande matérielle qu'on ferait envers l'auteur de notre bonheur (Genèse 8 : 18-20).

« Reconnais-le dans toutes tes voies, et il aplanira tes sentiers. » Proverbes 3 : 6

La gratitude finit par devenir une alliance où d'une part l'homme décide de rendre grâce à Dieu chaque fois qu'Il manifestera sa faveur et d'autre part Dieu s'engagerait à aplanir de plus en plus les sentiers de ce dernier, toutes les fois qu'il Lui reviendrait avec un cœur humble et reconnaissant.

- La prière

« Approchons-nous donc avec assurance du trône de la grâce, afin d'obtenir miséricorde et de trouver grâce, pour être secourus dans nos besoins. » Hébreux 4 : 16

La prière est un moment important dans la vie du chrétien dans la mesure où il avance avec humilité de cœur vers Dieu. Avec ce temps passé devant sa face, il est rassuré de trouver grâce et d'être exaucé, étant donné que le trône devant lequel il s'est approché est un lieu de transformation et de visitation.

La prière nous expose à la grâce de sa présence. Nous sommes transformés dans notre être intérieur et toute notre vie extérieure subit les effets de cette présence. Nous échangeons avec Dieu nos fardeaux, ainsi nous ressortons plus légers qu'à notre entrée (Matthieu 11 : 28).

Quand on sort de sa présence, on sort non seulement léger de tout fardeau mais couvert de plus de grâce et de faveur. Les prières faites à

Dieu sont susceptibles de nous bénir parce qu'elles touchent le cœur de celui qui est sur le trône et qui finit par déverser sur nous une pluie de bénédiction.

« Priez sans cesse. » 1 Thessaloniciens 5 : 17

La prière doit devenir une vie et un exercice permanent. Elle ne doit pas se résumer au court moment que nous passons dans un culte ou la nuit avant de dormir et le matin au réveil ou encore avant de manger. La prière doit être une disposition intérieure permanente afin de maintenir la grâce de Dieu sur nous.

- La foi

Étant donné que la grâce n'est pas un mérite, elle ne peut être obtenue que par la foi. La foi permet à l'homme d'entrer en contact avec la gloire de Dieu.

« Or sans la foi il est impossible de lui être agréable; car il faut que celui qui s'approche de Dieu croie que Dieu existe, et qu'il est le rémunérateur de ceux qui le cherchent. » Hébreux 11 : 6

Il nous faut avoir la foi en Dieu et en ses promesses. Il nous faut croire et accepter la vérité de Dieu sur notre vie qui contredit notre réalité. Dieu nous appelle à faire des exploits alors que notre nature humaine n'en est pas capable. Il nous appelle à glorifier son nom alors que nous n'en sommes pas dignes.

La foi permet alors à la parole de grâce déclarée sur nous par Dieu de prendre place et de se révéler au grand jour. Sans la foi en ce que Dieu dit et pense sur nous, sa vision sur nous ne peut voir le jour. Aucun miracle n'est possible.

La foi permet à l'homme d'accéder à la grâce de Dieu et offre l'opportunité à celle-ci de se manifester. Marie avait cru en la grâce qui lui avait été faite et expérimenta cela. Elle déclara : « *Je suis ta servante qu'il me soit fait selon ta parole ! Et l'ange la quitta* » *Luc 1: 38*

L'accomplissement de la parole de Dieu annoncée par l'ange n'a eu lieu seulement qu'après que Marie ait accepté par la foi les plans de Dieu sur sa vie même si elle ne savait pas vraiment comment cela aller se produire.

L'impossibilité d'une chose devant les hommes ne devrait pas justifier le manque de foi en la grâce de Dieu car : « *Rien n'est impossible à Dieu* » *Luc 1 : 37*

CHAPITRE 4

IMPACTÉ PAR LA GRÂCE

La grâce de Dieu dans la vie d'un homme produit toujours des effets. Elle vient toujours, comme nous l'avons dit, dans le but de faire profiter à son bénéficiaire une certaine faveur de manière directe comme indirecte.

Ce dernier devrait savoir le type d'effets qu'elle produit dans une vie, ainsi que ses implications c'est-à-dire des choses qui devront être faites afin de bien en profiter, la maintenir et l'accroître.

Récolter sans semer
« Ruth dit : je vais aller aux champs pour glaner des épis derrière celui dont j'obtiendrai la faveur. » Ruth 2 : 2

La grâce de Dieu sur nous, nous poussera au temps marqué par Dieu d'aller vers le lieu de notre visitation afin de rencontrer la personne envoyée par le Seigneur qui pourvoira à nos besoins dans un premier temps, et dans la suite nous introduira dans notre héritage qui est l'accomplissement des promesses de Dieu dans nos vies.

Tout lieu n'est pas propice à l'épanouissement comme le dit la parabole du semeur dans Matthieu 13 : 1-3. Mais la grâce a donc conduit Ruth à être au bon moment et au bon endroit afin de récolter sans semer dans un champ pour lequel elle n'avait pas travaillé. Elle a joui du bonheur de la récolte au milieu de ceux qui avaient travaillé pour cela.

Elle récolta non un jour mais tout le temps que la moisson avait duré sans être inquiétée un seul jour et elle eut aussi le privilège de manger parmi les serviteurs sans payer un seul sou.

Nous devons nous laisser conduire par l'Esprit de Dieu et non par nos sens. Le Saint-Esprit qui est omniscient, connaît le lieu approprié et le temps convenable où nous ferons la rencontre de notre bénédiction.

La marche par la foi au moyen de l'Esprit de Dieu vaut mieux que la marche par la vue. Dieu qui nous destine à vivre les œuvres de sa grâce nous conduira, même à notre insu, vers le lieu de notre visitation. Le lieu où nous allons récolter simplement alors que nous n'avons fourni aucun ou peu d'efforts lors de la semence.

Ruth n'aurait rien obtenu si Dieu n'avait pas dirigé ses pas. Elle ne fut pas la seule personne à vivre ce type de visitation. Rebecca expérimenta la même chose. Elle fut conduite par Dieu à aller au puits au même moment qu'Eliezer de Damas, serviteur d'Abraham. Certains diraient que c'était le fruit du hasard.

Mais l'action de Rebecca de donner de l'eau à Eliezer et à ses chameaux de manière volontaire ne pouvait pas être une simple coïncidence. Ce fut la réponse à la prière d'Eliezer à Dieu comme signe que cette jeune fille était celle que le ciel avait destinée à Isaac.

« Et il (Eliezer) dit : Eternel, Dieu de mon seigneur Abraham, fais-moi, je te prie, rencontrer aujourd'hui ce que je désire, et use de bonté envers mon seigneur Abraham! ...Que la jeune fille ...qui répondra : Bois, et je donnerai aussi à boire à tes chameaux, soit celle que tu as destinée à ton serviteur Isaac! Et par là je connaîtrai que tu uses de bonté envers mon seigneur. » *Genèse 24 : 12-14*

Ces choses ont eu lieu comme Abraham les avait prophétisées lorsqu'il envoyait son serviteur en disant que la bonne main de Dieu sera avec toi pour te faire réussir dans ta mission. Cette bonne main de Dieu qui dispose les temps et les circonstances à notre bien-être c'est Sa grâce.

La grâce peut s'accroître

« Naomi dit à Ruth, sa belle-fille : Il est bon, ma fille, que tu sortes avec ses servantes, et qu'on ne te rencontre pas dans un autre champ. Elle resta donc avec les servantes de Boaz, pour glaner, jusqu'à la fin de la moisson des orges et de la moisson du froment. » Ruth 2 : 22-23

La grâce de Dieu dans la vie d'une personne est comme une semence qui peut commencer petite mais finir avec le temps par produire des grands résultats si nous sommes établis là où Dieu nous veut.

C'est la raison pour laquelle il n'est pas utile de changer de milieu sous prétexte de chercher le lieu d'une grâce plus grande, à moins que le Seigneur vous l'instruise de manière claire.

Naomi pria Ruth de ne pas quitter les champs de Boaz parce que c'était le lieu où Dieu avait commencé à la visiter. Elle exhorta sa belle-fille de ne plus aller ailleurs mais de continuer à compter sur Dieu pour accroître la faveur dans ce lieu.

« Pierre qui roule n'amasse pas de mousse » est une expression qui veut dire trop de mouvement et

changement de milieu peut tuer ou détruire la progression d'une grâce qui avait commencé à se manifester dans une vie. La suite de ce récit de Ruth montra que la grâce peut s'amplifier.

Au départ, on lui permit seulement de glaner derrière les travailleurs de Boaz, ensuite on l'invita à manger et à boire parmi les ouvriers. Plus tard, on l'invita à glaner parmi les gerbes. Après cette étape, Boaz instruisit ses employés de récolter pour elle, et laisser par terre pour qu'elle ne fasse que prendre (Ruth 2 : 16).

A la fin de l'histoire, Ruth fut prise en mariage par Boaz, qui avait un droit de rachat sur elle (Ruth 4 : 13). Elle devient aussi propriétaire des champs dans lesquelles elle avait glané dans le passé comme une misérable.

Sans persévérance dans le lieu de sa visitation, Ruth allait passer à côté de sa destinée d'être l'ancêtre de Jésus-Christ par son fils Obed, père d'Isaï, grand-père de David.

L'une des choses qui peut pousser l'homme à vouloir changer de milieu, c'est les difficultés qu'il peut rencontrer sur le chemin. Lorsque les choses ne marchent pas comme on s'y attendait, les combats se multiplient et s'intensifient, le réflexe de tout homme est de vouloir aller ailleurs.

C'est ici le moment de rappeler que les difficultés dans un milieu ne signifient pas forcément que Dieu n'est pas avec nous dans un lieu. Avec Dieu à nos côtés, nous pouvons rencontrer des vents contraires.

Ces vents peuvent venir de Dieu pour éprouver notre foi afin de nous rendre plus fort pour la suite. Mais ils peuvent venir aussi du diable qui tentera de nous faire douter de la promesse de Dieu dans notre Canaan dans le but de nous sortir de la trajectoire de Dieu.

Il nous faudra alors faire face aux vents contraires avec foi en s'attachant à la promesse de Dieu. Au besoin, nous serons appelés à chercher sa face une fois de plus afin qu'Il nous réconforte et nous donne sa parole avant de tenter tout mouvement vers un lieu d'apparence meilleure.

C'est en cherchant la face de Dieu qu'Isaac sût que malgré les difficultés, il devait rester à Guérar car c'est là que la grâce de Dieu sur lui devait porter du fruit (Genèse 26 : 2-6). En obéissance à la voix de Dieu, il fut, avec le temps, mis au large et domina au milieu de ses ennemis.

La grâce est trompeuse

« La grâce est trompeuse, et la beauté est vaine ; la femme qui craint l'Éternel est celle qui sera louée. » *Proverbes 31 : 30*

Le fait que la faveur se manifeste dans la vie d'un homme ne l'exempte pas de sa responsabilité d'action pour la maintenir et l'accroître. Dieu donne la pluie de la première et de l'arrière-saison pour que l'homme jouisse du bonheur. Mais le maintien de la bénédiction de Dieu dans sa vie nécessitera que celui-ci y travaille avec sérieux et détermination.

Le salut par Jésus-Christ est un salut gratuit qu'on reçoit au moyen de la foi, mais le maintien de celui-ci demande de notre part un travail conséquent de consécration, de méditation régulière de la parole de Dieu, de prière et de discipline.

Le maintien de ce salut dépend aussi des différents choix que nous ferons qui pourront positivement ou négativement influencer notre destinée. Chaque jour qui passe, nous devons veiller sur nous-même.

« Ainsi donc, que celui qui croit être debout prenne garde de tomber ! » 1 Corinthiens 10 : 12

« Prends donc garde que la lumière qui est en toi ne soit ténèbres. » Luc 11 : 35

Faisons attention lorsque les choses marchent bien, lorsqu'elles marchent même très bien car elles peuvent s'arrêter. Le torrent de Kerith peut tarir ; la chute de la manne peut stopper ; le père ou le mentor qui nous porte afin que nous fassions aussi facilement les exploits peut mourir ; le temps des vaches grasses peut s'arrêter et la période de vaches maigres peut arriver du jour au lendemain.

L'une des choses à faire c'est donc conserver le sérieux dans le travail, source de prospérité. Au-delà de la grâce de Dieu et de la faveur du père, il est important de travailler pour rester dans le critère et le standard acceptable. Au bout d'un moment, il faudra être prêt à payer le prix pour son maintien.

La notion de la grâce et de la faveur peut devenir une faiblesse qui peut nous détruire si on la comprend mal. Elle reste une opportunité au travail pour se démarquer et non une raison de fainéanter.

Au début, on bénéficie du travail des autres, on sert sous l'onction et le manteau du père, on réussit à cause du nom du père que l'on porte. Mais au bout du compte, on doit être capable d'imposer sa propre personnalité. On doit pouvoir faire soi-même la découverte de Dieu

C'est ainsi qu'à un moment, l'Éternel a cessé d'être le Dieu d'Abraham seulement, il devint celui d'Isaac aussi. Il se révéla à lui personnellement et lui renouvela les promesses faites à Abraham son père et fit alliance avec lui. Il lui promit de lui donner des enfants et de le faire prospérer même dans un pays en pleine sécheresse.

Plus tard ce fut le tour de Jacob qui à Béthel fit alliance avec le Dieu de ses pères. A Béthel l'Éternel lui donna le nom d'Israël en signe de sa destinée transformée après sa victoire sur le messager de Dieu avec qui il avait lutté.

Sans la révélation personnelle du Dieu Très-Haut, la grâce répandue sur nous risque de ne pas aller loin.

La grâce conduit à l'humilité

Il est important de rester humble face à Dieu sachant que s'il ne nous avait pas permis de vivre ces choses, rien ne serait arrivé et aussi s'il décide que tout s'arrête, cela arrivera ainsi.

La grâce de Dieu doit pouvoir nous conduire à devenir humble de cœur en reconnaissant l'Éternel qui nous a fait réussir. Nous devons nous maintenir dans l'humilité afin de garantir le maintien de la vie de Dieu en nous.

« Il conduit les humbles dans la justice, Il enseigne aux humbles sa voie. » Psaumes 25 : 9

« Par la grâce qui m'a été donnée, je dis à chacun de vous de n'avoir pas de lui-même une trop haute opinion, mais de revêtir des sentiments modestes, selon la mesure de foi que Dieu a départie à chacun. »
Romains 12 : 3

L'humilité doit se manifester aussi face aux autres, même s'ils n'ont pas socialement ce que nous avons, même s'ils n'ont pas réussi dans la vie comme nous, même si leur vie ne représente rien du tout, même s'ils sont pauvres et misérables.

Le fait de réussir dans quelque chose ne signifie pas forcément que vous méritez plus que les autres ou plus que ceux qui ont apparemment échoué.

Le fait d'échouer dans un domaine de la vie ne fait pas d'une personne un nul. Il a peut-être travaillé durement mais les résultats n'ont pas suivi les efforts fournis.

On peut échouer lamentablement, sans raison évidente, après avoir travaillé durement, tout en utilisant tous les principes et normes prévus par la vie et la société pour réussir.

« Simon lui répondit : Maître, nous avons travaillé toute la nuit sans rien prendre. » Luc 5 : 5

La grâce de Dieu est celle qui peut différencier les résultats de deux personnes ayant fourni la même quantité et qualité d'efforts. L'une peut réussir et l'autre échouer ou réussir sans résultats éclatants.

En regardant autour de nous, on pourra sans chercher et se rendre compte que la faveur, la progression et le succès que nous expérimentons beaucoup ne les ont pas. Parmi ceux qui en cherchent, se trouvent des personnes qui de façon naturelle sont peut-être mieux outillés que nous.

L'humilité face à la grâce de Dieu nous permettra de demeurer constamment sous sa main sachant que tout vient de lui. Nous restons au quotidien reconnaissant envers ses hauts-faits, sachant que sans sa grâce les lendemains risquent de ne pas être assurés.

C'est pourquoi même après qu'on ait réussi dans un domaine, nous donnant une certaine notoriété devant les hommes, on doit se sentir fragile devant Dieu. Humblement, on doit recourir à lui jour après jour en lui disant : ne me laisse pas tomber.

Plus Il se manifeste, plus on doit se réduire à rien devant Sa face. Dans sa présence glorieuse, on l'adore lui disant : Tu es tout pour moi, sans Toi je ne peux vivre. Tu es tout pour moi Seigneur. Garde-moi près de toi.

Cette humilité tirée de la présence de Dieu, transformera aussi nos relations interpersonnelles. Nous cesserons de voir les autres comme des ratés. Nous les verrons comme des opportunités de servir le Seigneur en les servant eux.

On les aide autant qu'on peut et on le fait sans attendre d'être vénéré. On le fait de tout cœur pour le Dieu qui nous a visités car on sait que les rôles pouvaient être interchangeables.

La grâce de Dieu doit nous pousser à rester nous-mêmes et à vivre avec les autres comme avant que le ciel nous soit favorable. On manifeste alors les œuvres de Christ-Jésus qui malgré la puissance de sa divinité a vécu simplement au milieu des hommes qui n'en valait pas la peine : les créatures faites de ses mains.

CHAPITRE 5

LA FAVEUR DES HOMMES

« Quand l'Éternel approuve les voies d'un homme, Il dispose favorablement à son égard même ses ennemis. »
Proverbes 16 : 7

La grâce de Dieu sur nous peut faire attirer la faveur des hommes sur nous, c'est-à-dire la capacité de bénéficier des avantages d'un homme ou d'un milieu sans forcément qu'on en soit un bénéficiaire attitré.

Esther se retrouve face à la peine de mort infligée au peuple juif dont elle faisait partie. Elle décide d'aller vers le roi pour demander l'annulation de cette peine. Mais pour cela, elle prie avec son peuple pendant trois jours pour que la grâce de Dieu qui était sur elle soit amplifiée afin de bénéficier de la faveur du roi. Et c'est ce qui fut fait.

David vécut la même situation car pour être oint roi d'Israël en lieu et place de Saül, la grâce de

Dieu a conduit Samuel vers lui. Mais pour l'introduire dans la cour royale de Saül, il a fallu qu'un homme soit le pont à l'action divine. Les bénédictions que nous recherchons se trouvent entre les mains d'autrui, et la grâce de Dieu fera qu'elles nous parviennent par transmission.

On peut réussir lorsqu'on vit sous la faveur d'un homme qui a réussi dans un domaine ou qui a accès à un milieu élevé et qui décide de bon cœur à nous faire bénéficier les avantages de sa situation, de son élévation ou de sa position de grandeur.

C'est la raison pour laquelle nous devons faire attention dans notre manière de vivre en communauté. Nous devons alors agir dans le sens de ce passage de Romains 12 : 18 qui déclare : « *S'il est possible, autant que cela dépend de vous, soyez en paix avec tous les hommes* ».

Alors que la grâce de Dieu dépend totalement du Dieu Tout-Puissant, la faveur des hommes est principalement dépendante d'un lien existant créé par un événement ou un élément physique :

- **Le lien de sang**

« *Comme il était encore loin, son père le vit et fut ému de compassion, il courut se jeter à son cou et le baisa. …Mangeons et réjouissons-nous; car mon fils que voici était mort, et il est revenu à la vie; il était perdu, et il est retrouvé ». Luc 15 : 20-24*

Si le fils prodigue a été pardonné, récupéré et restauré dans sa position de départ, ce n'est pas seulement à cause de son humilité à retourner vers son père, reconnaissant sa faute, mais c'est avant tout à cause de l'alliance ou du lien de sang qui l'unissait à Lui.

Cette alliance du sang qui ne peut être brisée, a continué à subsister en dépit de la situation de désobéissance de ce fils. L'amour est le socle et le fondement de ce lien.

Tout fils doit savoir qu'au-delà du lien de sang qui le positionne comme l'hériter naturel, il devra travailler pour réjouir le cœur de ses parents afin que ces derniers le bénissent au-delà de la mesure prévue et au-delà de ce qu'il est censé recevoir.

Et cela n'est donc possible qu'en étant un fils modèle, obéissant, respectueux, aimable, serviable etc. car un bon fils fait la joie de ses parents (Proverbes 15 : 20) et celui qui honore ses parents vit longtemps (Exode 20 : 12).

« Si quelqu'un n'a pas soin des siens, et principalement de ceux de sa famille, il a renié la foi, et il est pire qu'un infidèle. » 1 Timothée 5 : 8

Le chrétien a la responsabilité et même l'obligation de prendre soin de sa famille, qu'importe leur position et leur conviction, le lien de sang l'y oblige. Il doit rester disponible à aider même si sa famille vit loin de Dieu.

Abraham démontra cet amour pour Lot son neveu en plaidant en sa faveur auprès l'Eternel afin qu'il soit sauvé de la sentence de mort décidée sur Sodome et Gomorrhe où il vivait avec sa famille dans la compromission (Genèse 18 : 17-33).

Le lien de sang est le moyen le plus prépondérant pour l'obtention de la faveur à travers un homme. En d'autres termes, devant une situation qui mettrait deux personnes en face d'une faveur, celle qui est liée par le sang avec l'auteur de cette faveur aura la primeur quand bien même ils auraient des qualités égales.

C'est pourquoi le chrétien a une position de préférence devant Dieu pour l'exaucement des prières par rapport à l'homme normal. Tout cela à cause du sang de Jésus-Christ qui a créé et maintient cette relation filiale entre Dieu et le chrétien.

- **L'amitié**

L'amitié peut être une porte par laquelle une personne peut bénéficier d'une faveur parce qu'elle est une relation d'affection, d'attachement et de sympathie qui lie deux personnes sans tenir compte de leurs origines distinctes et de leur état présent. Le riche peut être ami du pauvre, le jeune du vieux, etc.

Ce sentiment d'affection qui lie les deux cœurs ne peut supporter voir l'autre souffrir alors que lui vit dans le bonheur. L'ami, le bon ami viendra alors en aide à l'autre afin qu'il bénéficie tant soit peu de ses avantages et soit plus ou moins heureux comme lui. Le lien qui les lie est plein de bonté (1 Corinthiens 13 : 4).

L'amitié entre Jonathan et David permit à ce dernier de bénéficier de certaines faveurs dont l'accès à la cour de Saül roi d'Israël alors qu'humainement cet accès lui était difficile.

« David avait achevé de parler à Saül. Et dès lors l'âme de Jonathan fut attachée à l'âme de David, et Jonathan l'aima comme son âme. Ce même jour Saül retint David, et ne le laissa pas retourner dans la maison de son père …Jonathan fit alliance avec David, parce qu'il l'aimait comme son âme. Il ôta le manteau qu'il portait, pour le donner à David ; et il lui donna ses vêtements, même son épée, son arc et sa ceinture. » 1 Samuel 18 : 1-4

Les bonnes amitiés peuvent être une source de faveur, de grâce, autant les mauvaises peuvent nous attirer des ennuis. Cette amitié qui attire la faveur a pour soubassement des qualités telles que l'honnêteté, la franchise, la loyauté, l'humilité et le soutien mutuel.

- Une expertise maîtrisée

On peut aussi bénéficier de la grâce des hommes par un service bien rendu qui réjouit le cœur de l'autre et décide de vous ouvrir des portes d'opportunités bien plus excellentes.

Ce fut le cas de Joseph qui révéla et interpréta le songe de Pharaon, incitant involontairement ce dernier à l'élever au rang de Gouverneur du pays d'Egypte (Genèse 41 : 25-36).

La Bible dit clairement que les succès obtenus par David dans les combats firent qu'il obtienne la faveur de tout le peuple et même des serviteurs du roi Saül (1 Samuel 18 : 5). Cette faveur du roi fit de lui son gendre parce qu'il épousa sa fille Mikal, donnée en récompense de la victoire sur Goliath (1 Samuel 18 : 20).

Je me suis déjà retrouvé par le passé à travailler dans le cabinet d'une personne très influente de mon pays à cause de ma maîtrise de l'outil informatique.

Ma présence dans ce cercle fermé suscita beaucoup d'interrogations auprès des gens qui s'y trouvaient car il était difficile et presque impossible de pénétrer dans ce milieu qui était réservé aux recommandés seuls, aux membres de famille et aux proches fidèles de ce dignitaire.

Un jour, un responsable de ce cabinet ne se gêna pas de me féliciter de la qualité de travail que j'abattais et me demanda qui m'avait recommandé pour cet emploi car j'étais le seul qui n'avait aucun lien direct avec tout le staff.

Il était surpris d'apprendre que mon expertise m'avait recommandé mieux que les recommandations des hommes. Je m'assurais toujours dans le passé à rendre des services de qualité à quiconque me le demandait.

Le jour où l'opportunité s'est présentée, une personne qui connaissait mes mérites s'empressa de m'appeler sans hésiter parce qu'il savait que j'étais la personne qu'il fallait pour cette occasion. Face à un Pharaon troublé par un rêve dont il ignorait l'interprétation, Joseph fut appelé par celui qui connaissait son talent depuis la prison (Genèse 41 : 12-14).

Une expertise peut non seulement nous ouvrir la porte à des cercles d'influences plus grandes que notre monde habituel mais peut aussi finir par nous positionner avec le temps au point de devenir notre nouveau standard de vie. Cela n'est possible qu'à condition que nous sachions maîtriser et améliorer continuellement notre savoir-faire.

C'est la raison pour laquelle celui qui veut une position plus élevée que son niveau actuel doit, au-delà de la grâce de Dieu sur lui, travailler pour améliorer les qualités et les compétences liées à cette position afin d'être et de demeurer le candidat idéal pour cette position.

« Le sentier des justes est comme la lumière resplendissante, qui augmente son éclat jusqu'à ce que le jour soit en sa perfection. » Proverbes 4 : 18 (Bible version Martin)

Plus on met ses qualités et son expertise au service de l'épanouissement d'un grand nombre de personnes, plus on les perfectionne et on augmente la grandeur des faveurs que nous recevrons en retour.

- **Les vertus morales et la personnalité**

Cette grâce sous forme de bénédiction et d'élévation venant de l'homme peut être le fruit d'un caractère exemplaire qui pourrait se manifester sous forme d'honnêteté et de loyauté.

C'est pourquoi Paul, écrivant à son fils Timothée précise que certaines qualités, vertus et traits de personnalité étaient indispensables à la transmission du ministère qu'il avait reçu de lui.

« Et ce que tu as entendu de moi en présence de beaucoup de témoins, confie-le à des hommes fidèles, qui soient capables de l'enseigner aussi à d'autres. » 2 Timothée 2 : 2

Il est important à chacun de nous de développer des qualités comme la maîtrise de soi, la tempérance, la serviabilité, le désintéressement, la fidélité, et la bonté. Ces vertus témoigneront plus que nos paroles et pourront être des ponts naturels pour nous connecter à la faveur des hommes ou à la grâce de Dieu par les hommes.

L'hospitalité d'Abraham introduisit les anges dans sa maison. Le repas que Sarah, sa femme leur avait servi ainsi que le bon moment de repos passé dans leur maison ne laissèrent pas indifférents ces trois envoyés de Dieu. Leurs cœurs remplis de joie les poussèrent à bénir Abraham et sa femme.

La gentillesse et la serviabilité de Rebecca face à l'inconnu Eliezer serviteur d'Abraham à qui elle servit de l'eau, à lui et à ses animaux, lui ouvrit la porte du mariage avec Isaac.

Ses qualités de femme vertueuse ont prévalu plus que sa beauté physique pour qu'elle obtienne ce mariage qui l'a fait ainsi entrer dans la lignée des hommes bénis de Dieu par alliance (Genèse 24 : 45-67).

Comme pour le cas de Rebecca, toute femme qui notamment prierait pour que Dieu lui donne un bon mariage, devrait au-delà de ses atouts physiques ou intellectuels, apprendre à développer des qualités de femme épousable et d'épouse. La personnalité et le caractère permettront de maintenir son mariage heureux.

Ruth fut bénie par Boaz suivant le bon témoignage qu'on faisait d'elle par ses serviteurs, à cause des bonnes œuvres faites en faveur de Naomi (Ruth 2 : 11). La grâce de Dieu était sur elle, c'est vrai, mais ses œuvres ont permis d'ouvrir cette porte de bénédiction, sa réputation l'ayant précédée.

- **L'appartenance à un réseau donné**

« Ainsi donc, pendant que nous en avons l'occasion, pratiquons le bien envers tous, et surtout envers les frères en la foi. » Galates 6 : 10

Toute organisation quelle que soit sa particularité est régie par une loi de solidarité qui encourage ses membres à se soutenir, qu'importe l'occasion et même en priorité tel que ce passage cité plus haut le soutient. Cette solidarité est donc établie comme une règle.

L'appartenance à un groupe social peut se révéler par conséquent comme une porte de bénédiction dans la vie de certaines personnes. Sans être forcément physique, ce lien peut être une chose que deux personnes peuvent avoir en commun.

J'expérimente beaucoup cette situation où les gens me bénissent à cause du simple fait que je suis chrétien comme eux ou que j'ai la même nationalité que la leur, ou encore parce que nous avons fréquenté la même école dans le passé, etc.

Bien des fois de passage dans une ville pour la prédication de l'évangile, des gens me reconnaissent, me contactent et rendent mon séjour plus agréable que prévu. Ce fut le cas lors d'un voyage missionnaire au Canada.

En provenance de Dallas, j'étais obligé de passer par Buffalo, l'une des villes frontalières avec le Canada dans l'État de New York, pour prendre le bus qui devait me conduire à Toronto où on m'attendait pour une conférence.

A mon arrivée à Buffalo, mon programme changea. Une personne avec qui j'avais fréquenté la même école il y a très longtemps, s'est disposé de me prendre à l'aéroport, me nourrir, me faire visiter la ville et me conduire jusqu'à Toronto à 1 heure 30 minutes de route de chez lui, et tout cela sans aucun frais à payer.

Cette faveur dont j'étais bénéficiaire ne cessa plus jamais. De cette retrouvaille est née désormais une relation d'amitié et de fraternité qui nous lie inexorablement et qui a ouvert la porte à beaucoup d'autres bénédictions que je ne pourrais citer ici.

C'est pourquoi nous devons nous efforcer à accroître notre possibilité de bénéficier des faveurs des autres quel que soit le type d'organisation dans lequel nous appartenons (religieuse comme une église, politique ou sociale).

Nous devons pour cela, travailler à améliorer nos relations interpersonnelles, nous rendant utiles et disponibles pour les autres de manière désintéressée dans le présent et au besoin devenir indispensable dans son fonctionnement.

Plus tard et le moment venu, nous récolterons le bien que nous avons semé auprès des autres car *l'âme bienfaisante sera rassasiée, et celui qui arrose, sera lui-même arrosé (Proverbes 11 : 25).*

CHAPITRE 6

LE PÈRE ET LA RELÈVE

La grâce, comme je l'ai souligné, peut se manifester à travers les hommes. Le canal naturel est le lien de sang. Un père est cette personne qui, en plus de vivre sa vie, se reproduit en donnant naissance à une autre personne. Il travaille pour que sa descendance soit heureuse et qu'elle ait une vie meilleure que la sienne.

La responsabilité d'un père est d'aimer ses enfants. Cet amour doit se manifester notamment en travaillant pour laisser un héritage à sa descendance afin que cette dernière vive la loi de la grâce alors que lui a peut-être souffert pour y arriver.

Même s'il n'est pas arrivé à produire grand-chose dans sa propre vie, le bon père est celui qui se donne à fond pour que la génération après lui entre dans l'histoire de ceux qui ont réussi.

Ainsi, d'un père pauvre peut sortir un homme riche; d'un père sans instruction venir des enfants très instruits et hautement diplômés ; et une famille inconnue peut produire l'homme le plus connu de sa génération.

« Le désert et le pays aride se réjouiront; la solitude s'égaiera, et fleurira comme un narcisse; elle se couvrira de fleurs, et tressaillira de joie, avec chants d'allégresse et cris de triomphe... Ils verront la gloire de l'Eternel, la magnificence de notre Dieu... » Ésaïe 35 : 1-2

La famille idéale n'est pas seulement celle qui a réussi dans le présent mais celle qui en dépit de la situation présente bonne ou mauvaise, travaille pour le futur des produits de ses entrailles. L'essentiel pour y arriver c'est de savoir vivre dans l'unité comme Jésus le fut avec son père (Jean 10 : 30).

Le futur est un mystère qui peut nous réserver beaucoup de surprises. Des faiblesses présentes peuvent naître des gloires à venir, et des gloires présentes mal gérées peuvent présager des lendemains de misère.

Il est presque inutile pour un homme de vivre dans l'opulence dans le présent, si l'avenir de ses enfants ne sera pas assuré.

L'héritage

Dieu aime la succession. Dieu aime l'héritage. Dieu appelle des hommes sans histoires de la poussière, les élève et les fait asseoir avec les grands dans le but qu'après eux, plus personne n'ait à recommencer à zéro.

L'héritage est un signe palpable et tangible que ceux qui nous ont précédés, ont travaillé. Il est une référence à la famille, des bornes et des repères nous rappelant les limites en dessous desquelles nous ne devons pas descendre. Il est donc un appel au travail pour léguer le même flambeau au successeur.

L'héritage est indispensable à la génération suivante car il permet de savoir d'où l'on vient et par conséquent prétendre savoir où on veut aller. On ne cède pas son héritage, on ne la brade pas pour de l'argent (1 Rois 21 : 1-4). C'est notre identité.

L'héritage peut être immatériel comme physique. Il est immatériel dans la mesure où il peut se présenter comme un code moral permettant à une famille ou à un peuple d'être intransigeant face aux déviations de tout genre (corruption, manque de respect, vol et détournement, insulte, etc.).

« Toi, et tes fils avec toi, vous observerez les fonctions de votre sacerdoce pour tout ce qui concerne l'autel et pour ce qui est en dedans du voile: c'est le service que vous ferez. Je vous accorde en pur don l'exercice du sacerdoce. L'étranger qui approchera sera mis à mort. » Nombres 18 : 7

Il peut aussi comme pour les fils d'Aaron être l'appel permanent au service de Dieu. Aaron était appelé par Dieu au sacerdoce mais avait aussi reçu du même Dieu l'appel à léguer cet héritage à sa descendance pour que de manière permanente l'œuvre de Dieu soit pourvue des sacrificateurs.

En plus du code moral, une identité culturelle et spirituelle, l'héritage peut être matériel et financier. Il se constitue comme une provision financière, des moyens sociaux qui permettront à un fils premier-né ou pas de commencer sa vie sans peine.

David laissa à Salomon suffisamment de biens et de richesse afin de lui permettre de vivre hors du besoin et de construire un temple à l'Éternel le Dieu d'Israël.

Au-delà de son amour pour son Dieu, Salomon bâtit facilement le temple parce que tout lui avait déjà été réservé. Il passa directement à l'étape de la matérialisation sans perdre le temps vu que la provision était déjà là.

« Voici, par mes efforts, j'ai préparé pour la maison de l'Eternel cent mille talents d'or, un million de talents d'argent, et une quantité d'airain et de fer qu'il n'est pas possible de peser, car il y en a en abondance; j'ai aussi préparé du bois et des pierres, et tu en ajouteras encore… » 1 Chroniques 22 : 14

Je n'ai pas reçu de mes parents un grand héritage matériel. La plus grande chose que j'ai bénéficié d'eux qui à mon humble avis est plus valeureux que des grandes richesses, c'est l'éducation d'excellence. Ils ont bataillé pour que je sois un homme fait, courageux et responsable avec un caractère qui me positionne favorablement à réussir.

Cette grande personnalité ainsi que les qualités humaines comme la tempérance et la maîtrise de soi font partie des valeurs que je cherche aujourd'hui à mon tour à inculquer à mes enfants en leur montrant qu'un homme c'est avant tout ce qu'il est et non ce qu'il a.

L'héritage est la transmission de la bénédiction reçue de Dieu et des fruits de notre travail à la génération suivante. Cette transmission permet à la génération suivante d'être positionnée pour faire mieux que leur prédécesseur. Il permet à son bénéficiaire d'atteindre un niveau supérieur de réussite et d'excellence en très peu de temps.

Je me suis toujours posé la question de savoir comment certaines jeunes fortunes et célébrités à la télévision, ont pu arriver à ce niveau aussi vite. En lisant leur histoire, j'ai constaté que beaucoup d'entre-eux ont bénéficié des héritages. La réussite dans laquelle ils nagent est une histoire de famille.

Avant eux, des gens ont travaillé et ensuite leur ont transmis le produit de leur réussite, et eux à leur tour le transmettront à la génération suivante. Beaucoup de grands noms dans le monde actuel ont excellé dans leur domaine parce qu'ils ont eu leur père ou un membre proche de leur famille qui a excellé dans le même champ qu'eux dans le passé.

Le vrai Mentor

Le mentor sans être forcément un père physique se présente comme celui qui a sous son influence une personne qui le tient pour modèle et référence afin de guider ses pas vers la réussite, apprenant de lui.

Le vrai mentor permet à son poulain non seulement de réussir mais de le faire mieux que lui, laissant à ce dernier la double portion de ce qu'il a, comme Élie l'a fait avec Élisée.

Le vrai mentor permet à son fils de continuer sur la bonne voie même si lui a dérouté ou a été défaillant. Le bon cœur est ce qui fait la différence en cette matière car beaucoup sont ceux qui jalousent leurs protégés et n'acceptent pas que Dieu les élève au-dessus d'eux.

Dans 1 Samuel 3 : 11-18, la Bible nous rapporte comment le sacrificateur Eli avait réagi face à Samuel à qui l'Éternel avait révélé sa décision d'infliger une punition sévère contre son maître.

La réaction surprenante d'Eli démontra que ce dernier, au-delà de ses erreurs, était capable de garder une bonne attitude face à Samuel pour lui permettre de percer avec Dieu, alors que son arrêt de mort et celui de ses deux étaient fixés.

Eli l'appela et dit : *« mon fils ! ... Quelle est la parole que t'a adressée l'Éternel ? Ne me cache rien. Que Dieu te traite dans toute sa rigueur, si tu me caches quelque chose »*.

Eli poussa Samuel à libérer le message de Dieu alors que ce dernier craignait de lui raconter la vision qu'il avait reçue. Eli fit cela pour permettre à Samuel d'assurer la relève après lui car il l'avait formé dans le but de servir comme sacrificateur au cas où il ne serait plus là.

Un vrai père vit avec un seul souci de voir son fils aller plus loin que lui. Le successeur est supposé dépasser le niveau de son père parce que son standard de départ est celui que son père laisse à la fin de son parcours.

Le vrai mentor n'enseigne pas que par les exploits qu'il a accomplis mais aussi par ses erreurs. Il livre aussi à son fils les choses qu'il aurait aimé apprendre très tôt pour éviter ses erreurs, sans oublier les choix à faire et à ne pas faire.

Au-delà de tout, il lui permet de rester lui-même selon son appel et l'encourage à obéir et à faire confiance à Dieu plus qu'en lui. Par-dessus tout, il lui laisse la liberté de prendre ses propres décisions. Il sait qu'au-delà de ses avis et considérations, il y a un Seigneur dans les cieux qui dirige sa vie.

Même si les choix que le fils fait ne lui plaisent pas parce qu'ils ne rencontrent pas sa vision ou ses attentes ou encore ses aspirations pour ce dernier, il continue à le soutenir. Il continue malgré tout à l'appuyer et à maintenir son aide inconditionnelle. Il sait qu'en dépit des opinions divergentes, un fils le reste à jamais.

C'est pourquoi il est patient avec lui, lui accordant le temps de changer. Il sait que le temps peut produire dans l'homme ce que la force et l'imposition ne peuvent changer. Il sait qu'après que le temps ait fait son travail, un vrai fils retrouve le chemin de la maison afin d'honorer et d'hériter de son père.

S'appuyer sur la relève

La grandeur d'un homme a toujours été aussi, dans sa capacité à reconnaître le moment de passer le relais et le flambeau à la génération suivante. Même si avec l'âge on gagne en expérience et en sagesse, on perd néanmoins la vigueur et la force nécessaires pour être sur terrain.

Samson vaillant héro de l'Éternel, lui qui déchira un lion à main nue, et qui représentait à lui seul une armée, fit le plus grand exploit de sa vie, le dernier avant sa mort, grâce à un jeune dont la Bible ne cite même pas le nom qui l'aida à poser ses mains sur les colonnes (Juges 16 : 26-30).

« …Moïse élevait sa main, Israël était le plus fort ; et lorsqu'il baissait sa main, Amalek était le plus fort. Les mains de Moïse étant fatiguées, ils prirent une pierre qu'ils placèrent sous lui, et il s'assit dessus. Aaron et Hur soutenaient ses mains… et ses mains restèrent fermes jusqu'au coucher du soleil. Et Josué vainquit Amalek et son peuple, au tranchant de l'épée. » Exode 17 : 10-13

Au-delà de grandeur de Moïse, de sa capacité d'écouter et de voir Dieu, et de manifester la gloire de Dieu par des œuvres de puissance inouïe, il a eu néanmoins besoin d'être soutenu et appuyé par des jeunes comme Josué et Caleb.

Les deux utilisaient la vigueur de leur jeunesse pour accomplir sur le terrain ce que Moïse n'était pas capable de faire à cause de son âge. Ils se sont illustrés avec des exploits d'espionnage et de conquête des territoires par le combat.

«…quand tu seras vieux, tu étendras tes mains, et un autre te ceindra, et te mènera où tu ne voudras pas. » *Jean 21 : 18*

A un certain âge, qu'on le veuille ou non, on doit commencer à compter sur la nouvelle génération pour étendre la vision. Elle saura être sous le feu de l'action alors qu'on gardera une position de supervision.

« …Voici, des fils sont un héritage de l'Eternel, Le fruit des entrailles est une récompense. Comme les flèches dans la main d'un guerrier, ainsi sont les fils de la jeunesse. Heureux l'homme qui en a rempli son carquois! Ils ne seront pas confus, quand ils parleront avec des ennemis à la porte. » Psaumes 127 : 3-5

Il n'y a personne sur terre qui soit capable de tout accomplir par soi-même durant toute sa vie. Prétendre cela serait une grosse erreur, un signe d'orgueil et le début de l'égarement. Il arrivera toujours un moment où l'adage qui dit : « la meilleure manière de bien faire quelque chose, c'est de le faire soi-même » n'aura plus de place.

Pour ainsi arriver à ce niveau de délégation de pouvoir avec confiance, il faudra former et préparer cette relève à prendre en charge la continuité des choses.

Préparez la relève

L'un des mérites attachés au ministère de Jésus-Christ fut la capacité de prendre douze personnes issues de différentes classes sociales, les mettre ensemble et les préparer à prendre la relève afin que la mission de salut qu'Il avait commencé puisse continuer après sa mort.

Ainsi, de cette diversité formée, la mission de la prédication de l'Évangile du salut a atteint les extrémités de la terre et jusqu'à nous-mêmes aujourd'hui, et cela plus de deux milles ans après.

Jésus dès le départ avait commencé à enseigner ses disciples dans le but de les préparer à ce qui les attendait dans le futur. Il les enseignait non seulement en public avec le peuple mais aussi en privée où il leur donnait plus que ce que le commun de mortel recevait.

Il leur donnait la vraie signification des choses et les amenait sur le terrain pour les permettre de pratiquer ce qu'il leur avait enseignés en privée. Il les mettait au travail dans le but de les entraîner pour voir la capacité de chacun afin d'établir les responsabilités.

Il utilisait les épreuves afin de mettre à nu leur faiblesse et leur incrédulité pour les pousser à s'améliorer. La tempête contre la barque à deux reprises a servi à leur apprendre à croire plus en Lui et à Sa parole plutôt qu'aux cours des événements.

« Alors les disciples s'approchèrent de Jésus, et lui dirent en particulier : Pourquoi n'avons-nous pu chasser ce démon?...Mais cette sorte de démon ne sort que par la prière et par le jeûne. » Matthieu 17 :19-21

La résistance des démons face à leur prière, poussa Jésus-Christ à leur enseigner l'importance du jeûne en plus de la prière pour être suffisamment équipé pour le service et le ministère.

L'incapacité de prier au moins une heure tôt le matin fut l'occasion de leur montrer qu'un homme de Dieu ne dort pas comme tout le monde, il doit se préparer aux défis de la journée par la prière matinale.

Par différents moyens, Jésus montra à ses disciples dès le départ, malgré les miracles inouïs qu'il faisait, que leur tour viendra où ils devront assurer le ministère sans lui.

De la réaction des uns et des autres, il établit que Pierre était mieux disposé à diriger les autres. Son amour pour le Seigneur et sa disponibilité à suivre sa voix par la foi qu'importe le risque faisait de lui l'homme qu'il fallait.

Avant sa mort et même après sa résurrection, il se concentra à les préparer encore et encore pour qu'ils continuent l'œuvre de Dieu avec puissance sans lui. Il les prépara dès le départ à sa succession.

Si le Seigneur qui était tout puissant n'a pas tout fait seul, comment expliquer que certains hommes faits de chair et de sang prétendent être les seuls à avoir une certaine hauteur, et que personne d'autre ne devrait bouger tant qu'ils seront en vie.

Imaginez un seul instant ce qui serait arrivé si Jésus n'avait pas préparé ses disciples à prendre la relève dans la suite des événements ? L'église ne serait sans doute pas aussi forte qu'elle était en dépit de la présence du Saint Esprit. Le réveil ne nous aurait sans doute pas atteints comme aujourd'hui.

Il est important de montrer à nos enfants la voie à suivre et de les lancer sur le terrain sans attendre qu'un malheur arrive. Nous devons leur permettre de s'exercer pendant que nous sommes encore présents et forts afin que nous sachions corriger leurs erreurs.

Les fils sont comme des flèches dans le carquois qu'on lancerait loin devant soi. Leurs performances dépendent entièrement de leurs préparations avant même d'être lancés seuls sur le chemin de la vie.

Alors n'attendons pas demain, préparons-les maintenant, permettons-les de savoir tout sur notre après afin de savoir comment s'y prendre au cas où nous sommes absent. En matière d'héritage et de succession, aucune improvisation n'est conseillée ni recommandée. Sans prévision, le risque de perte sera très élevé à cause du manque de préparation.

Il faut un minimum de temps pour que la maîtrise vienne dans l'exercice d'une chose. Un autre minimum de temps est requis pour que le talent commence à briller, être connu du monde et enfin qu'on en récolte les fruits. C'est pourquoi il faudrait commencer à l'exercer très tôt.

Un talent, un don ou une activité qu'on exerce dès le bas âge est susceptible de nous procurer le succès dans le futur. Cela est faisable parce qu'avec le temps, le talent devient un automatisme, et cet automatisme produit le génie.

Plusieurs des champions dans presque tous les domaines de la vie ont commencé à exercer dès leur jeune âge, le talent et l'activité qui aujourd'hui fait qu'on parle d'eux.

Le leader de demain

La vie des autres sert à Dieu comme matériel didactique afin de nous enseigner. Ainsi la réussite comme l'échec d'une personne doit nous pousser à réfléchir afin d'en tirer des leçons.

Ces leçons que nous apprenons de Dieu à travers la vie des autres, principalement de ceux qui nous ont précédés doivent nous aider à mieux nous préparer pour demain car chacun a sa saison.

C'est la raison pour laquelle celui qui prétend vouloir succéder à une personne devra se concentrer sur ce qu'il a à apprendre dans la vie de l'autre au-delà des erreurs de celui-ci. Il ne le détruit pas et ne se sert pas de ses erreurs pour accélérer son ascension mais reste fidèle et loyal sans pour autant adhérer aux fautes et aux déviations de son père.

Le leader de demain reste humble face aux faiblesses de son maître. Il sait que nous sommes tous des hommes imparfaits. Il l'honore jusqu'à la fin sachant que ce que l'autre est aujourd'hui c'est ce qu'il peut devenir demain. Il l'honore parce que le bonheur et la longévité de son parcours en dépend (Éphésiens 6 : 2-3).

David connaissant ce principe se garda de porter la main sur Saül en dépit du mal qu'il lui avait fait. Il se refusa d'être celui qui exposera le Oint de Dieu, même si celui-ci était devenu rétrograde. Cela ne changea rien dans le respect et la considération qu'il avait pour lui car ses exploits passés témoignaient encore que ce fut un vaillant héro.

*« Et le roi d'Israël répondit : que celui qui revêt une armure ne se glorifie pas comme celui qui la dépose! »
1 Rois 20 : 11*

« Ne te vante pas du lendemain, car tu ne sais pas ce qu'un jour peut enfanter. » Proverbes 27 : 1

Le vaillant de demain reste humble parce qu'il ne sait pas ce que l'avenir lui réserve. Il reste humble aussi parce qu'il sait que sa bénédiction passe par cette même personne et c'est de lui qu'il recevra le manteau de Dieu. Il reste ferme dans le silence et ne laisse pas le peuple le pousser à accéder au trône avant le temps à cause du père qui est défaillant.

Josué ne porta pas la main sur Moïse, même lorsqu'il prit une femme étrangère (Nombres 12 : 1-2). Il savait que demain, il serait dans la même position du leader critiqué par le peuple. Il prie pour lui et profite par la même occasion de prier et de plaider avec Dieu pour que pareille chose ne lui arrive pas.

La bénédiction du père se transmet seulement vers le fils qui réjouit le cœur. Jacob fut béni après avoir réjoui le cœur d'Isaac avec un repas, pas avant. Isaac bénit l'auteur de sa réjouissance sans se préoccuper vraiment de son identité.

Le cœur joyeux d'un père bénit alors qu'un père contrarié est prompt à maudire. Cham fut maudit à cause du fait que le cœur de Noé son père fut blessé par son acte (Genèse 9 : 24-25), même si au départ la faute ne lui revenait pas. Noé s'était dévêtu après avoir bu et enivré de son propre gré.

Selon ma petite expérience de vie et du ministère, je conseille généralement à un fils de faire attention lorsque sa relation avec son père commence à se dégrader, qu'importe la raison. Il devra s'exempter de toute action poussée par les frustrations présentes et faire preuve de retenu.

« L'insensé met en dehors toute sa passion, mais le sage la contient. » Proverbes 29 : 11

« ...car la colère de l'homme n'accomplit pas la justice de Dieu. » Jacques 1 : 20

Dans une certaine mesure, la solution peut se trouver alors dans la séparation temporaire. Pendant ce temps les sentiments négatifs peuvent se calmer et permettre d'envisager l'avenir avec quiétude et assurance.

Mais pour d'autres cas, si la cohabitation n'est vraiment plus possible, l'émancipation même précoce peut s'avérer être la solution. La séparation peut permettre d'éviter que le rapport père-fils soit entamé, et par conséquent l'héritage risque de ne pas être transmis.

Puisque l'essentiel est de recevoir la bénédiction et partir en paix, il faut que le fils évite toute situation de confrontation qui conduirait à un désastre: la malédiction. L'humilité, la tempérance, la patience et la soumission du fils envers le père lui permettra de sauver sa destinée.

CHAPITRE 7

LA SURENCHÈRE

L'humilité s'avère être l'un des grands atouts qui permet de maintenir la progression vers son but. Se prévaloir être celui qu'on n'est pas ou n'est pas encore devenu est un grand danger.

L'humilité, la sagesse et l'écoute de Dieu nous permettent d'éviter de tomber dans le piège de la surenchère qui est une porte de sortie vers une autoroute sur laquelle on roule dans le sens opposé. Ainsi, le risque de causer les accidents et la mort sera très élevé.

La surenchère est le fait qu'une personne prétende dans son caractère, ses paroles et ses actions des choses ce dont il est loin d'être ou de devenir. C'est le fait de s'accorder une valeur et une importance au-dessus de ce qu'on vaut réellement.

On est grand dans sa propre tête et aux yeux d'un certain entourage acquis à notre cause sans être capable de voir les choses comme elles sont réellement. On a sans doute le potentiel et les opportunités mais le moment est loin d'être opportun.

Nous pouvons avoir un appel authentique venant de Dieu mais il est important d'accepter la position que Dieu nous assigne dans un temps précis.

Il est vital d'avoir une attitude appropriée qui correspond à notre rôle établi par Dieu. Notre grandeur future dépend entièrement de notre obéissance dans le présent ordre divin.

« Par la grâce qui m'a été donnée, je dis à chacun de vous de n'avoir pas de lui-même une trop haute opinion, mais de revêtir des sentiments modestes, selon la mesure de foi que Dieu a départie à chacun. » Romains 12 : 3

La surenchère est une chose qui détruit beaucoup de vies dans la mesure où elle surévalue le vrai potentiel et le poids spirituel ou social d'une personne dans son présent.

Elle est souvent le fruit de l'orgueil humain ou de l'ignorance de sa propre personne et du monde dans lequel on vit. Elle conduit souvent à l'égarement et à la perte.

Le bonheur ne viendra dans une vie qu'à condition que l'homme connaisse sa vraie faveur, son niveau réel et la position dans laquelle il est appelé à demeurer selon les plans et le temps de Dieu.

Un don secondaire

Il existe des personnes avec des destinées et des visions principales alors que d'autres sont appelées à des rôles secondaires. Ceci n'est pas pour dire qu'il existe des gens plus importants que les autres mais que le rôle que Dieu assigne à une personne peut être différent de celui de son voisin.

Le second rôle que Dieu peut nous appeler à jouer peut être de manière indéterminée c'est-à-dire que toute notre vie nous devons demeurer sous le leadership d'une autre personne. Nous devons accepter cela avec joie parce que c'est la volonté de Dieu.

Mais parfois, le second rôle peut être pour une saison ou un temps bien déterminé. Dans ce cas, c'est souvent l'opportunité pour Dieu de nous préparer à une position des responsabilités dans le futur.

Notre succès futur dépend alors de notre capacité d'apprendre le plus des choses positions alors que nous sommes dans l'ombre de l'autre. Du reste, un bon leader est une personne qui a avant tout appris à obéir. Notre vigilance est requise pour comprendre les choses afin de demeurer dans notre poste où notre efficacité est garantie.

Il n'y a pas que le talent qui compte dans la vie. L'appel de Dieu a la préséance sur le don parce que le don a souvent été pour soutenir l'appel et non le contraire. Se fier seulement sur un don pour bâtir une vie sans tenir compte de l'appel de Dieu est un grand danger.

Le don est donné pour appuyer un appel et non le contraire ; nous sommes appelés d'abord et ensuite vient le don. Nous devons par conséquent être prudents parce que le don peut être différent de notre appel réel.

« L'Eternel dit: N'y a-t-il pas ton frère Aaron…Il parlera pour toi au peuple; il te servira de bouche, et tu tiendras pour lui la place de Dieu. » Exode 4 : 14-16

On peut avoir un grand don mais avoir un petit appel parce que Dieu veut que ce talent et ce don servent à soutenir celui qui a un grand appel même s'il n'a pas un grand don.

Si Dieu appelle une personne à une mission donnée, soit il l'équipe soit il mettra à côté de lui des hommes ressources pour qu'ils l'aident. Ce fut le cas d'Aaron qui était établi par Dieu aux côtés de Moïse pour lui servir de porte-parole.

Ce dernier a très bien joué son rôle secondaire dépendant de Moïse aussi longtemps que Dieu le voulait, et demeura loyale jusqu'à la fin. La capacité de bien parler d'Aaron ne le rendait pas plus grand que Moïse.

Si un jour, il s'était donné à penser que son office de porte-parole était devenu plus important que l'appel de Moïse le libérateur, il allait être surpris par ce que Dieu allait faire de lui.

David et Achitophel avaient des rôles très complémentaires aussi comme Moïse et Aaron. L'un était roi, régnant sur Israël, appelé et établi par Dieu et l'autre fut puissant en conseil et en stratégie.

Mais seulement, Achitophel ignorait totalement que la grâce de Dieu qui lui donnait une forte autorité, ne pouvait se manifester pleinement que là où Dieu l'avait placé. Dieu demeurait avec lui tant qu'il restait auprès de David.

La sagesse qui le distinguait des autres était liée au trône de David et non à un autre roi, à moins que ce dernier succède à David. Il se détourna de David et alla s'allier à Absalom fils de David qui voulait renverser son père. Et ce fut sa plus grosse erreur.

« On vint dire à David: Achitophel est avec Absalom parmi les conjurés. Et David dit : O Éternel, réduis à néant les conseils d'Achitophel! » 2 Samuel 15:31

La surenchère de sa personne réduisa à néant la force du don qu'il avait de Dieu. L'Eternel utilisa d'autres personnes pour jouer son rôle et sauver le roi. Il finit par s'étrangler lui-même et il mourut plus tôt que prévu.

Mon étonnement a souvent était grande à la vue des personnes qui recherchent des choses pour lesquelles Dieu ne les a pas (encore) appelés ou donnés. Leur rébellion face à l'ordre divin des choses finit par les mettre hors de leur propre destinée. Ils réduisent leur grâce à ne plus briller comme Dieu l'avait prévu.

L'onction de Dieu sur nous et les exploits qu'elle peut produire est avant tout liée à notre appel qu'à nos prières et à nos ambitions. Toute ambition même soutenue par des prières et des actions de toute sorte, ne vaut que si Dieu nous avait appelés à un tel exploit.

Déployons toutes nos énergies à connaître la volonté de Dieu qui nous aidera à situer notre position dans l'ordre divin. Travaillons hardiment à nous soumettre à sa volonté, seule garantie du succès.

Sans cela, nous serons surpris de constater que la même grâce qui produisait le feu sous un leader, n'arrive pas à nous distinguer lorsque nous sortons par notre propre volonté sous un leadership établi par Dieu.

Beaucoup de gens se perdent, voient leur don s'éteindre et l'impact bâti dans le passé se réduire à quelque chose de semblable à du vrai sans l'être vraiment.

Le talent a peut-être commencé à être connu auprès d'un public différent et plus large mais en même temps les fautes, les défauts et les insuffisances qui étaient couverts par le manteau du père, seront connus de tous.

La gloire future sera alors une chose mêlée de scandale et d'abus. Ce contraste révèlera le manque de préparation suffisante parce que l'élévation a été précoce. C'est ainsi que les héros sont tombés.

Le temps finit toujours par révéler si les décisions d'émancipation prises dans le passé étaient réfléchies et soutenues par la volonté du Seigneur, ou si le « Dieu m'a dit » n'était en fait que le fruit des ambitions égoïstes et démesurées.

Le salut par un homme

Dieu voulant visiter une famille ou une nation se choisira une personne pour incarner cette visitation. Le reste de la communauté doit par conséquent s'efforcer de découvrir cette personne afin de lui prêter main forte qu'importent les ressentiments des uns et des autres.

Dieu l'ayant choisi, nous devons tous nous résoudre à être derrière lui. Nous devons l'appuyer dans son rôle de libérateur parce qu'il en a reçu le mandat. Ceux qui choisiront de le combattre, deviendront ainsi ennemi des plans de Dieu, et s'établiront comme ennemis de leur propre avenir. Tuer Joseph reviendrait à tuer soi-même la source de sa bénédiction future (Genèse 37 : 18-20).

Même si Dieu peut toujours susciter dans l'avenir un autre libérateur en remplacement à celui qu'Il avait envoyé avant, la vérité est que pendant un long moment nous resterons sans secours puissant de Dieu pour la simple et bonne raison que nous avons refusé ou tué le libérateur choisi par Dieu.

« Il n'y a de salut en aucun autre; car il n'y a sous le ciel aucun autre nom qui ait été donné parmi les hommes, par lequel nous devions être sauvés. » Actes 4 : 12

Le salut ne vient que par Jésus-Christ et par personne d'autre. Il est le seul chemin qui mène au père. Refuser d'accepter le seul moyen que Dieu a prévu pour avoir la vie éternelle, reviendrait alors à signer soi-même son entrée en enfer.

Le besoin de créer soi-même ses propres moyens de salut en dehors de la voie unique désignée par Dieu est un égarement qui conduira à la mort.

La grâce dans la vie de la personne-solution augmentera et ne sera totalement épanouie que si lui aussi à son tour comprend ce qu'il est, possède et vaut. Son être, son don et sa valeur sont étroitement liés à son rôle auprès du peuple qui est censé être béni à travers lui.

Il devra se consacrer humblement à être ce serviteur que Dieu a suscité pour visiter son peuple. C'est la raison pour laquelle Jésus-Christ venant dans le monde, ne fit rien d'autres que ce pourquoi Il avait été envoyé au point de s'humilier jusqu'à la mort de la croix (Philippiens 2 : 5-8).

Rectifier le tir

La capacité de revenir sur une décision est une preuve de caractère. Si on se voit dans l'erreur ou on sent qu'on avait agi avec précipitation ou que les données sur le terrain ne permettent plus d'avancer, il vaut mieux s'arrêter un moment pour réfléchir et au besoin changer de direction si cela est nécessaire.

Il peut arriver pour diverses raisons que l'on commette des erreurs qui nous coûtent chères. Notre seul issu serait alors de revenir sur la bonne route.

Beaucoup n'ont pas le courage de revenir sur leurs erreurs à cause de tout ce qu'ils avaient prétendu dans le passé. Ils deviennent prisonniers de leur propre propos et condamnés par eux-mêmes à vivre dans l'apparat juste pour maintenir une image d'eux que les gens ont, mais qui en fait est fausse.

« Etant rentré en lui-même, il se dit : …Je me lèverai, j'irai vers mon père, et je lui dirai : Mon père, j'ai péché contre le ciel et contre toi. » Luc 15 : 17-18

Le fils prodigue n'a pas hésité de rentrer vers le droit chemin quand il s'est vu bloqué parce que l'erreur est humaine, seul Dieu est parfait. Il fut restauré confirmant ainsi cette parole de 2 Chroniques 7 : 14 qui déclare :

« Si mon peuple sur qui est invoqué mon nom s'humilie, prie, et cherche ma face, et s'il se détourne de ses mauvaises voies, je l'exaucerai des cieux, je lui pardonnerai son péché, et je guérirai son pays. »

Il n'y a pas de honte à revenir sur le droit chemin après s'être égaré. D'ailleurs, les grands hommes sont ceux qui sont capables de revenir sur leur mauvaise voie. La grâce de Dieu a toujours été disponible pour toute personne qui se repent de sa mauvaise conduite.

David qui était l'homme selon le cœur de Dieu, était loin d'être parfait. Il a commis durant sa vie beaucoup de fautes à comparer avec certaines personnes, mais ne fut pas disqualifié par Dieu parce qu'il savait s'humilier devant Lui.

Sans gêne, je rectifie mes erreurs aussitôt que je m'en rends compte. Je le fais sans tenir compte du voisinage et/ou des critiques des gens. Même si j'avais déjà annoncé quelque chose, si les conditions ne me permettent plus de le réaliser c'est sans détour que je l'explique. Et en paix je continuerai ma route sans tenir compte des on-dit.

Le courage et l'humilité sont nécessaires pour atteindre ce niveau parce que ce n'est pas une chose facile. Nous devons nous efforcer de vivre libre de toute pression extérieure afin de prendre les bonnes décisions lorsqu'elles s'imposent.

La restauration des relations peut s'avérer difficile voire impossible à cause des disparités créées lors de la séparation. Dans ce cas, faisons notre part du chemin en recherchant la paix avec tous (Romains 12 : 18) et laissons le Seigneur faire le reste afin que sa grâce nous porte de nouveau sous sa volonté.

CHAPITRE 8

L'AVENIR DE L'HÉRITAGE

La vie d'un homme, d'une famille ou d'une société ne peut se perpétuer qu'à travers une relève digne c'est-à-dire formée et préparée pour en assurer la continuité.

Cette relève à qui l'on cédera le bâton de commandement pour qu'elle gère et que plus tard elle le donne à son tour à ceux qui viendront après lui, devra être consciente de la responsabilité qui lui incombe.

« Toi donc, mon enfant, fortifie-toi dans la grâce qui est en Jésus-Christ. Et ce que tu as entendu de moi en présence de beaucoup de témoins, confie-le à des hommes fidèles, qui soient capables de l'enseigner aussi à d'autres. » 2 Timothée 2 : 1-2

Le fait qu'on lègue un héritage à une personne, ne garantit en rien son maintien dans le futur. Il y a donc trois types d'héritiers que nous pouvons rencontrer dans la vie : le mauvais gestionnaire qui détruit et perd tout, le bon gestionnaire qui par son travail maintient le standard et enfin celui qui innove et amène à un niveau supérieur ce qu'il a reçu de son père.

Les mauvais gestionnaires

L'histoire nous apprend que beaucoup de gens n'ont pas été capables de perpétuer l'héritage qu'on leur avait légué. Ils n'ont pas été dignes des biens qu'on leur avait laissés.

Les raisons de ces échecs sont multiples parmi lesquelles : la mauvaise gestion, l'abandon de la discipline de vie, les mauvaises fréquentations, etc. De ce groupe des mauvais gestionnaires se trouvent :

- Saül, le premier roi d'Israël

Contrairement à ce que beaucoup prétendent, Saül était réellement le choix de Dieu même si ce fut une réponse à la demande du peuple. Saül n'avait pas choisi de devenir roi d'Israël, mais c'est l'Éternel qui le sortit de la maison de son père pour le conduire devant Samuel afin d'être oint roi.

« Or, un jour avant l'arrivée de Saül, l'Eternel avait averti Samuel en disant: Demain, à cette heure, je t'enverrai un homme du pays de Benjamin, et tu l'oindras pour chef de mon peuple d'Israël. Il sauvera mon peuple de la main des Philistins; car j'ai regardé

mon peuple, parce que son cri est venu jusqu'à moi » 1 Samuel 9 : 15-16

Saül reçut l'onction royale et sa rencontre avec la troupe des prophètes le transforma. Il devint alors capable de conduire le peuple de Dieu. La grâce lui avait été donnée mais seulement son attitude le disqualifia.

Il refusa de dévouer par interdit tout le butin comme l'Eternel le lui avait indiqué. Il oublia le Dieu qui l'avait élevé pour s'attacher à des intérêts matériels périssables et passagers.

« Mais Saül et le peuple épargnèrent Agag, et les meilleures brebis, les meilleurs bœufs, les meilleures bêtes de la seconde portée, les agneaux gras, et tout ce qu'il y avait de bon; ils ne voulurent pas le dévouer par interdit, et ils dévouèrent seulement tout ce qui était méprisable et chétif. L'Eternel… lui dit : Je me repens d'avoir établi Saül pour roi, car il se détourne de moi et il n'observe point mes paroles.» 1 Samuel 15 : 9

Sa chute amena la folie causée par les esprits impurs envoyés par Dieu et il perdit sa gloire. Un autre roi fut choisi par Dieu pour le remplacer de son vivant. David, le jeune aux cheveux roux qui était mieux préparé, commença à lui voler la vedette notamment en tuant Goliath l'incirconcis.

Saül perdit mourut comme un simple soldat avec son fils Jonathan et son trône lui fut ôté définitivement. David régna à sa place plus tôt que prévu car Saül n'a pas demeuré dans la direction que Dieu avait tracée pour lui.

- Hophni et Phinées

Les fils du sacrificateur Eli étaient appelés à un avenir de gloire au service du Seigneur comme sacrificateurs en lieu et place de leur père vieillissant parce que le sacerdoce était de lignée familiale.

En dépit du fait d'être fils d'un grand serviteur de Dieu, leurs cœurs étaient loin d'être attachés au Dieu que leur père servait. Ils étaient donc attachés aux choses de Dieu, aux rites et autres services sacerdotaux au lieu de s'attacher au Dieu qui avait créé ces choses.

« Les fils d'Eli étaient des hommes pervers, ils ne connaissaient point l'Eternel... il piquait dans la chaudière, dans le chaudron, dans la marmite, ou dans le pot; et tout ce que la fourchette amenait, le sacrificateur le prenait pour lui. C'est ainsi qu'ils agissaient à l'égard de tous ceux d'Israël qui venaient là à Silo. » 1 Samuel 2 : 12-14

Puisqu'ils étaient attachés aux symboles de Dieu plutôt qu'à Dieu lui-même, ils brisèrent les interdits dans le saint de Dieu. Ils volaient les offrandes réservées à l'Eternel et forniquaient avec les femmes dans la maison de Dieu.

« Eli... apprit aussi qu'ils couchaient avec les femmes qui s'assemblaient à l'entrée de la tente d'assignation. »
1 Samuel 2 : 22

Plutôt que de saisir l'opportunité de succéder à leur père en servant droitement l'Eternel Dieu et les hommes, ils firent du temple de Dieu un lieu de souillure, se moquant de tout le monde et leur père fut déshonoré. Le Ciel décida alors de mettre fin à leur aventure abominable en les livrant à la mort dans la force de l'âge.

La nouvelle de leur mort emporta aussi leur père qui même s'il avait servi Dieu avec droiture dans le passé, il s'était néanmoins trouvé coupable d'avoir laissé ses fils profaner la maison de Dieu. Leurs actes amenèrent l'opprobre dans tout le pays. Ils perdirent donc leur héritage par leur propre faute.

A leur place et en remplacement au sacrificateur Eli, le jeune Samuel qui vivait dans la maison de Dieu fut établi souverain sacrificateur. Il bénéficia d'une position qui au départ ne lui était pas destinée.

La vie des fils d'Eli démontre une réalité simple mais profonde. La grâce de Dieu sur nous ne nous dédouane pas d'une vie pure et consacrée à l'Eternel. Sans cela, le service que l'on rend dans la maison de Dieu est vil et sans vie.

- Judas Iscariot

Il fut l'un des douze disciples que Jésus s'était choisi pour succéder à sa mission. Trésorier du groupe, il se chargeait de la gestion de la bourse mais son cœur était plus attaché à l'argent qu'à Dieu.

Même si cette prophétie avait prédit qu'une personne allait le trahir, la Bible cependant n'avait pas dit que cette personne serait Judas. Mais sa disposition intérieure le conduisit à vendre le Messie, devenant ainsi celui par qui le scandale est arrivé.

« Malheur au monde à cause des scandales! Car il est nécessaire qu'il arrive des scandales; mais malheur à l'homme par qui le scandale arrive! » Matthieu 18 : 7

Judas avait perdu son héritage parmi les douze à cause de son cœur non transformé par la parole de Dieu mais attaché aux choses de la terre plus que celles du ciel. Il mourut à cause de son incrédulité parce qu'il refusa d'accepter par la foi, le pardon de Dieu.

Sa part parmi fut prise par Mathias, l'un de ceux qui étaient avec Jésus de son vivant. Ce dernier qui n'était pas dans le cercle des douze, fut surpris de se voir être associé comme un des apôtres confirmant la parole qui dit :

« Les premiers seront les derniers et les derniers les premiers.» Matthieu 20 : 16

Tout ceci montre l'importance de travailler son caractère dans le sens de réduire l'influence néfaste des défauts et des faiblesses, même si l'on n'arrive pas à s'en séparer définitivement. Des défauts négligés et non maîtrisés peuvent détruire en une journée une vie construite durement pendant des années.

Ceux qui maintiennent le standard

À défaut de faire prospérer l'héritage qui nous a été légué, le maintenir au niveau auquel il était lorsqu'on nous l'a cédé est le minimum qu'une personne digne puisse faire.

Lorsqu'on réussit à maintenir l'héritage, on a déjà réussi à cinquante pourcent sa mission à condition que cet héritage ait été justement positif ou à un niveau acceptable.

- Naboth

« Et Achab parla ainsi à Naboth : cède-moi ta vigne, pour que j'en fasse un jardin potager, car elle est tout près de ma maison. Je te donnerai à la place une vigne

meilleure; ou, si cela te convient, je te paierai la valeur en argent. Mais Naboth répondit à Achab : que l'Eternel me garde de te donner l'héritage de mes pères! » 1 Rois 21 : 2-3

Naboth refusa de céder son héritage à un roi inique et le défendit son héritage jusqu'à la mort. Naboth est un grand exemple de ce qu'un fils, un bon fils doit accomplir avec son héritage. Il ne le cède pas à n'importe qui et ne le brade pas pour de l'argent.

L'héritage qu'un père a reçu difficilement, on se doit de le garder et de le défendre quel qu'en soit le prix. Un fils, qui ne se bat pas pour défendre son héritage, n'en est pas digne. Naboth défendit sa vigne située à Jezréel jusqu'au sacrifice suprême.

Sa vie perdue pour défendre son droit fut vengée par Dieu, le Juste Juge, à qui reviennent la vengeance et la rétribution. L'acte de Jézabel fut vengé tel que le prophète Elie l'avait prédit même si Achab s'était repenti sincèrement devant Dieu.

Joram fils d'Achab fut tué par Jéhu l'un de ses généraux d'une flèche dans le dos, ce qui fut un acte de grande trahison. Il jeta son corps dans le champ qui jadis appartenait à Naboth. Jéhu extermina par la suite la descendance d'Achab et de Jézabel en réponse à la prophétie d'Elie et régna à sa place pendant près de trente ans (2 Rois 9 : 24-26).

La fin de Naboth quoiqu'étant triste, nous révèle la nécessité de tout homme et de tout peuple de défendre la portion de terre que Dieu leur a donné à travers ses ancêtres. Il n'y a donc aucune excuse à cela car que vaut un peuple sans terre.

Mon étonnement a toujours été de voir comment certains peuples se plaignent du fait que les étrangers dominent sur eux et volent leur richesse sous leurs propres yeux alors qu'ils restent inertes.

Comme la foi sans les œuvres, les plaintes ne changent jamais les choses. Seule l'action peut tout transformer.

- **Josué, successeur de Moïse**

Josué assura le maintien du leadership d'Israël en faisant entrer le peuple dans la terre promise en dépit de l'absence de Moïse, le grand libérateur envoyé par Dieu pour défier Pharaon lors de la sortie de son peuple d'Égypte.

Josué ne perdit aucun combat jusqu'à la prise du dernier territoire à conquérir hormis la bataille d'Aï qu'Israël perdit à cause non de son manque d'efficacité mais à cause d'une personne qui avait brisé les interdits.

Il assura sa mission autant que Moïse avait assuré la sienne. Moïse fit la première partie du parcours et Josué conduisit la deuxième. Autant Dieu était avec son maître, autant l'Eternel marcha avec lui.

« Fortifie-toi seulement et aie bon courage, en agissant fidèlement selon toute la loi que Moïse, mon serviteur, t'a prescrite; ne t'en détourne ni à droite ni à gauche, afin de réussir dans tout ce que tu entreprendras. »
Josué 1 : 7

La chose qui a été à la base du succès de Josué comme son prédécesseur auprès de qui il fut formé, c'est le respect et le maintien des principes que Dieu avait donnés à Moïse. Il les respecta scrupuleusement avec courage et confiance en l'Eternel.

Le parcours de Josué par rapport à celui de Moïse prouve : qu'autant les mêmes causes produisent les mêmes effets, autant les mêmes méthodes et la même discipline de travail produisent le même type de succès.

Josué mourut à l'âge de cent dix ans, après avoir accompli fidèlement sa part de la mission, celle d'introduire chacun des fils et filles d'Israël dans son héritage à Canaan, la terre promise.

Ceux qui font prospérer les acquis

C'est un bonheur que de léguer un bien à une personne qu'on sait capable de le faire prospérer. C'est une joie que d'avoir un fils que l'on sait responsable et capable d'assurer un lendemain meilleur.

Il y a des personnes qui ont endossé la responsabilité de leur famille, leur nation et autres entités dans un contexte moins bruyant voir alarmant et les ont amenées par la suite à un niveau qui a suscité l'étonnement et l'admiration à cause du succès visible.

Les exemples ci-dessous illustrent mieux ce que nous disons :

-   Néhémie et la muraille de Jérusalem

Ce personnage de la Bible s'est illustré par sa détermination à reconstruire la muraille de Jérusalem détruite pendant l'invasion babylonienne. Néhémie hérita comme le reste d'Israël d'un royaume et d'une ville de Jérusalem avec peu de splendeur.

« Et je répondis au roi : Si le roi le trouve bon, et si ton serviteur lui est agréable, envoie-moi en Juda, vers la ville des sépulcres de mes pères, pour que je la rebâtisse. » Néhémie 2 : 5

Notons ici que Néhémie sacrifia la bonne position sociale qu'il avait auprès de Cyrus roi de Perse pour le bien de Jérusalem et du peuple qui s'y trouvait. Il décida de rentrer dans sa patrie parce que les nouvelles qu'il avait reçues des rescapés de la déportation étaient alarmantes et tristes (Néhémie 1 : 1-3).

Son cœur attaché à sa patrie manqua de paix à cause de la désolation qui caractérisait son héritage. Même si cet héritage ne lui appartenait pas à lui seul, il se démarqua par son action qui était la preuve de son amour débordant car l'amour vraie *« ne cherche point son intérêt. » 1 Corinthiens 13 : 5*

Pour réussir dans son projet, Néhémie ne procéda pas de n'importe quelle manière. Il commença avant tout par un moment de prière et de jeûne pour rechercher la grâce de Dieu. Il savait que les bonnes intentions ne suffisent pas dans l'œuvre de Dieu. Il faut qu'Elohim lui-même vous y autorise.

« ...Si l'Eternel ne bâtit la maison, ceux qui la bâtissent travaillent en vain; Si l'Eternel ne garde la ville, celui qui la garde veille en vain. En vain vous levez-vous matin, vous couchez-vous tard, et mangez-vous le pain de douleur; Il en donne autant à ses bien-aimés pendant leur sommeil. » Psaume 127 : 1-2

Après qu'il ait reçu l'assurance que l'Eternel Yaweh marchera lui-même avec eux dans cette affaire, il se lança dans l'inspection de la muraille de nuit afin d'éviter les regards haineux. Il chercha ensuite à rallier à sa cause tous ceux qui pouvaient l'aider, et cela dans toutes les classes sociales.

Néhémie décida de se lancer enfin à la reconstruction de la muraille pour la protection de son peuple. Il fut capable de relever le défi en dépit des moqueries, du mépris et de la colère de ses ennemis dont Sanballat, Tobija et Guéschem.

Aucune conspiration ni découragement furent capables de l'arrêter dans sa mission divine de redonner à Jérusalem sa splendeur d'antan. La confiance en Dieu, la prière, le dur labeur, la vigilance, le courage et la fermeté furent les qualités et les atouts qui lui permirent de réussir.

Le peuple fut invité à regagner Jérusalem après l'achèvement des travaux car sa sécurité était désormais restaurée. Il ne rebâtit pas seulement la muraille mais permit la mise en application des réformes qui permirent que le culte du Dieu vivant, le Dieu d'Israël soit de nouveau fait parmi son peuple.

Néhémie est l'exemple parfait d'un grand leader dont le monde actuel a réellement besoin. Ce leader qui, pour relever les défis de sa nation, a besoin de s'armer de jeûne et prière, de foi en l'Eternel Dieu, d'intelligence et de courage. Il sait aussi s'entourer des hommes loyaux acquis à la cause commune.

- Les douze apôtres de Jésus-Christ

« Jésus, s'étant approché, leur parla ainsi : ...Allez, faites de toutes les nations des disciples, les baptisant au nom du Père, du Fils et du Saint-Esprit, et enseignez-leur à observer tout ce que je vous ai prescrit. » *Matthieu 28 : 18-20*

Jésus-Christ le Seigneur de gloire est venu dans le monde dans le seul but de sauver l'humanité toute entière du péché et de la mort, en mourant à la croix de Golgotha. Pour ce faire, il sélectionna un petit groupe de personnes qu'Il forma afin qu'ils continuent après sa mort ce qu'Il avait commencé.

Ce petit groupe de croyants, à leur tête Pierre, se retrouva enfermé dans la chambre haute pour attendre la venue du Saint-Esprit, qui leur avait été promis. Dès que la pentecôte a eu lieu, ce groupe se lança à l'assaut de l'humanité.

Les apôtres ont fait prospérer l'Évangile que Jésus-Christ leur avait laissé. Chacun d'eux se multiplia en sauvant d'autres, les baptisant et les établissant comme des disciples capables à leur tour de se reproduire.

Toute occasion bonne comme mauvaise était une opportunité pour annoncer l'Evangile et de manifester le règne de Jésus-Christ vivant et assis glorieusement sur le trône auprès de Dieu son père (2 Timothée 4: 2).

Les persécutions et les meurtres dont celui d'Etienne n'ont pas suffi à leur faire renier leur foi et à arrêter leur mission. Emprisonnés, accusés faussement et battus à mort, rien n'a pu les perturber.

Les divisions internes, les défauts humains et les injustices s'il y en a eu, n'ont pas été capables de briser l'unité d'esprit qui les réunissait. Ils ont privilégié Christ au détriment de leurs intérêts personnel, tribal et territorial.

« Ceux qui avaient été dispersés par la persécution survenue à l'occasion d'Etienne allèrent jusqu'en Phénicie, dans l'île de Chypre, et à Antioche, annonçant la parole seulement aux Juifs. Il y eut cependant parmi eux quelques hommes de Chypre et de Cyrène, qui, étant venus à Antioche, s'adressèrent aussi aux Grecs, et leur annoncèrent la bonne nouvelle du Seigneur Jésus. » Actes 11 :19-20

De lieu en lieu, de territoire en territoire et d'âge en âge, ces vaillants soldats de Jésus-Christ ont transmis fidèlement l'héritage qu'ils avaient reçu à la génération suivante sans tenir compte de classes sociales. Aujourd'hui, des siècles après, de ce petit groupe d'hommes et de femmes croyant au message de libération de Jésus-Christ, l'Evangile nous est parvenu.

Avec plus de deux milliard cinq millions de croyants, le christianisme est la religion la plus importante au monde. Et le mouvement ne fait que s'accroître touchant même les pays islamiques et communistes comme la Chine connus pour leur radicalisme.

Tout cela a été rendu possible parce que les apôtres, ceux qui ont hérité directement de Jésus-Christ ont fait leur travail et même au péril de leur vie. Christ est notre héritage et nous devons évangéliser afin que la vie que nous avons reçue soit transmise aux autres.

CHAPITRE 9

CHRIST ET SON ROYAUME DE GRÂCE

Jésus-Christ, Roi des rois et Seigneur des seigneurs est le maître qui règne et domine sur toutes créatures visibles comme invisibles. Venu sur la terre, Il avait pour mission de manifester la grâce de Dieu sous toutes ses formes.

En attendant d'arriver au mont Golgotha pour la victoire finale, Jésus de Nazareth, allait des lieux en lieux pour manifester la présence et la puissance du royaume de son père par des guérisons, des résurrections et des miracles de tout genre.

« Jésus parcourait toute la Galilée, enseignant dans les synagogues, prêchant la bonne nouvelle du royaume, et guérissant toute maladie et toute infirmité parmi le peuple. Sa renommée se répandit dans toute la Syrie, et

105

on lui amenait tous ceux qui souffraient de maladies et de douleurs de divers genres, des démoniaques, des lunatiques, des paralytiques; et il les guérissait. » Matthieu 4 : 23-24

Tout ce que Jésus a fait pendant son passage sur la terre, était dans le sens de soulager les hommes de leur mal. Il a transformé l'histoire de l'humanité à cause de la manière dont il faisait du bien aux personnes qui ne le méritaient pas.

Il a travaillé non seulement pour le salut spirituel et éternel des hommes, mais il s'attela aussi à transformer la vie des gens pour que leur quotidien devienne meilleur. Son souci le plus profond fut et demeura d'améliorer la vie de ses concitoyens, les aider à vivre heureux et avec moins de soucis.

Il permit aux « sans espoir » de renouer avec l'espoir et le sourire. Il offra à ceux qui pleuraient pour diverses raisons l'opportunité de vivre à nouveau dans la joie et la paix. Tout, absolument tout pour Jésus était de répandre la grâce de Dieu au quotidien afin que s'accomplisse la prophétie d'Esaïe 61 : 1-3 :

« L'esprit du Seigneur, l'Eternel, est sur moi, car l'Eternel m'a oint pour porter de bonnes nouvelles aux malheureux; Il m'a envoyé pour guérir ceux qui ont le cœur brisé, pour proclamer aux captifs la liberté, et

aux prisonniers la délivrance; pour publier une année de grâce de l'Eternel, et un jour de vengeance de notre Dieu; pour consoler tous les affligés; pour accorder aux affligés de Sion, pour leur donner un diadème au lieu de la cendre, une huile de joie au lieu du deuil, un vêtement de louange au lieu d'un esprit abattu..."

L'onction qui était sur Jésus était une onction de grâce à tous égards. Il est donc impossible de parler de Jésus-Christ et ne pas faire mention de la grâce et de la faveur. Tout est lié à Lui et ainsi tous ceux qui prétendent appartenir à son royaume doivent être des instruments de sa grâce.

Les fils du royaume

Les fils du royaume de Dieu ont en commun cette caractéristique : la recherche de la ressemblance à Christ. Tout chrétien a pour obligation de manifester partout où il se trouve, les œuvres de grâce du royaume de Dieu comme Jésus l'a fait.

« En vérité, en vérité, je vous le dis, celui qui croit en moi fera aussi les œuvres que je fais, et il en fera de plus grandes, parce que je m'en vais au Père » Jean 14: 12.

Dans la mesure où Christ n'est plus physiquement sur la terre, ses œuvres de bonté envers ce monde sont appelées à continuer à travers tous ses disciples. En d'autres termes, on ne peut être disciple de Jésus Christ et ne pas être un instrument de bonté et de faveur divine dans ce monde en perdition.

C'est pour cette raison qu'à l'église primitive, les gens vendaient volontairement leurs biens pour mettre son produit au service de tous. Le souci derrière cet acte était l'amour de Christ qui ne peut se réjouir de la souffrance des autres.

« L'amour est pleine de bonté …elle ne cherche point son intérêt, …elle ne se réjouit point de l'injustice, mais elle se réjouit de la vérité… » 1 Corinthiens 13 : 4-6

Les disciples de Christ bénissent au lieu de maudire, ils encouragent et donnent l'espoir en toute circonstance. Ils donnent un bien meilleur, et cela de la manière la plus désintéressée possible.

Les témoins de Christ donnent gratuitement ce qu'ils ont reçu gratuitement de Dieu. Ils pourvoient aux besoins des autres sans remord ni regret parce qu'ils savent qu'en le faisant ils servent leur Seigneur et manifestent son royaume.

Ceux qui appartiennent à Jésus-Christ manifestent humblement ses œuvres sans chercher une quelconque reconnaissance car ils savent que leur récompense les attend au ciel.

Les fils du royaume honorent les autres là où le monde les humilie ; ils respectent ceux qui n'ont pas de considération devant les hommes. Ils n'exploitent pas les faiblesses des autres pour arriver à leurs fins, et ils restent honnêtes devant Celui qui les a appelés.

L'Eglise de Dieu a donc pour mission de valoriser les hommes et favoriser leur plein épanouissement. Ils doivent avec ou sans bénéfices matériels, travailler à l'émergence des dons et des talents. Leur seule source de réjouissance sera, et demeurera de voir les gens réussir leur destinée.

Appel solennel

La Bible annonce que dans les derniers jours, il y aura des temps difficiles (2 Timothée 3 : 1), le péché va s'accroître et l'amour d'un plus grand nombre se refroidira (Matthieu 24 : 12).

C'est la raison pour laquelle les fils du royaume de Dieu doivent se lever pour être la lumière du monde et le sel de la terre par leur manière différente de penser et d'agir.

Le royaume de Dieu est une manière de vivre totalement en contradiction à celle de monde. Ce système divin ne regarde pas à ce que l'homme a, mais le traite tel que Dieu le voit. Il le respecte en dépit du fait que certains soient moins riches ou pauvres.

Le royaume de Dieu que les chrétiens sont censés représenter sur la terre a ses principes qui sont principalement basés sur l'amour, la justice et le pardon (Matthieu 5 : 3-12, Luc 6 : 20-38).

« ...Aussi la création attend-elle avec un ardent désir la révélation des fils de Dieu » Romains 8 : 19

« Heureux ceux qui procurent la paix, car ils seront appelés fils de Dieu! » Matthieu 5 : 9

En ce temps où le monde s'enfonce à grand pas vers les ténèbres, les fils de Dieu doivent se distinguer. Comment le monde saura-t-il que nous sommes de Dieu si nous ne manifestons pas les œuvres de notre père?

Le temps est venu où les vrai fils de Dieu doivent œuvrer pour que la grâce et la faveur de leur Père soient de nouveau palpables parmi les hommes, comme à l'époque où Jésus-Christ lui-même agissait, afin de connecter les hommes à leur destinée.

CONCLUSION

L'atmosphère favorable est avant tout le fruit de la grâce de Dieu se manifestant sans intermédiaire de l'homme dans une vie. Elle peut être l'héritage d'un prédécesseur, d'une famille, d'une nation voire un système social permettant à ses membres de réussir facilement.

Le souci de Dieu, en bénissant une personne, a toujours été pour que par lui d'autres personnes soient bénies, créant ainsi une chaîne d'hommes et de femmes bénis. Ceux qui viendront derrière une personne qui a compris ce principe et l'applique avec assiduité, vivront une atmosphère favorable.

Tout le monde peut vivre l'atmosphère favorable en utilisant sagement les atouts, dons et talents en notre possession même s'il ne reçoit pas un héritage de faveur. La grâce ou la faveur dont on bénéficie ne dédouane pas son bénéficiaire de ses devoirs et de sa responsabilité.

Cette responsabilité se résume d'abord à bien gérer le lègue dont on a bénéficié mais ensuite et surtout de travailler pour l'amener à un niveau supérieur de prospérité afin qu'à notre tour nous donnions l'opportunité à nos enfants et à ceux qui nous entourent de réussir mieux que nous.

Il y a une responsabilité qui incombe à tout homme en général mais aux chrétiens en particulier de travailler afin de permettre aux autres de réussir plus facilement, ainsi leur éviter de recommencer à zéro.

DÉJÀ EN VENTE

God Savior Publishing/USA

God Savior Publishing est une maison d'édition, installé à Dallas aux Etats-Unis et a déjà travaillé sur la publication de plusieurs ouvrages.

Son travail et son soutien aux auteurs sont à tous les niveaux : l'encadrement pour l'écriture, la rédaction des livres à partir des témoignages, la correction d'ouvrages, la publication, l'impression, la traduction des livres en plusieurs langues, la mise en vente des livres sur internet pour une couverture mondiale, ainsi qu'un support marketing et managérial des projets.

Notre but est d'appuyer avec notre expertise les frères et les sœurs à qui Dieu a donné un message, afin qu'un plus grand nombre de personnes soit édifié et béni. Notre politique tarifaire est personnalisée et adaptée à toutes les bourses afin d'aider n'importe qui à réaliser son projet. Nous offrons nos services dans le monde entier et avons 5 zones d'impression répandues dans le monde pour couvrir les besoins de nos clients.

N'hésitez pas de nous contacter pour une évaluation de votre projet en moins de 48 h et que Dieu vous bénisse.

Contact :
Facebook : Pastor Eric Impion
Email : contact@ericimpion.com
http// : www.ericimpion.com

QUELQUES OUVRAGES EDITES ET TRADUITS

Rév. Sita Luemba
RD Congo

Douglas Kiongeka
France

Dr Aimé Beleke
USA

A paraitre : Carlyto Lassa
France

Rév. Elie Kabongo
Canada

Prophète Francis Ngawala
RDC

Rév. Beni-Christ Kibombi
USA

Prophète Daniel Katunda
Canada